O SABOR DA QUALIDADE

SUBIR CHOWDHURY

O SABOR DA QUALIDADE

UMA HISTÓRIA SOBRE COMO CRIAR UMA CULTURA DE EXCELÊNCIA NAS EMPRESAS

SEXTANTE

Título original: *The Ice Cream Maker*

tradução: Marcia Claudio Reynaldo Alves
preparo de originais: Virginie Leite
revisão: Sérgio Bellinello Soares, Sonia Peçanha e Tereza da Rocha
projeto gráfico e diagramação: Marcia Raed
capa: Victor Burton
fotolitos: R R Donnelley
impressão e acabamento: Yangraf Gráfica e Editora Ltda.

CIP-BRASIL. CATALOGAÇÃO-NA-FONTE
SINDICATO NACIONAL DOS EDITORES DE LIVROS, RJ

C477s Chowdhury, Subir
O sabor da qualidade / Subir Chowdhury ; tradução de Marcia Claudio Reynaldo Alves. – Rio de Janeiro: Sextante, 2006.

Tradução de: The ice cream maker
ISBN 85-7542-245-6

1. Gestão da qualidade total. 2. Controle de qualidade. 3. Administração – Participação de empregados. 4. Clientes – Contato. I. Título.

06-2618. CDD 658.562
CDU 658.56

Rua Voluntários da Pátria, 45 – Gr. 1.404 – Botafogo
22270-000 – Rio de Janeiro – RJ
Tel.: (21) 2286-9944 – Fax: (21) 2286-9244
E-mail: atendimento@esextante.com.br
www.sextante.com.br

Aos homens e mulheres
do mundo inteiro
que buscam a QUALIDADE
em tudo o que fazem.

sumário

CAPÍTULO 1

um balde de água fria

Foi numa tarde de segunda-feira, em maio, que minha vida mudou para sempre.

Estava concentrado no meu trabalho como gerente da Dairy Cream, uma fábrica local de sorvete, quando Reggie, um dos representantes de vendas, entrou de supetão na minha sala, uma hora mais cedo do que o previsto. Ele havia saído para uma reunião importantíssima com a Natural Foods, uma rede nacional de supermercados que vinha crescendo muito e que há uns 10 anos abrira uma filial aqui na cidade. Por uma fração de segundo, cheguei a imaginar que talvez ele ainda nem tivesse ido ao encontro. Contudo, ele fez que não com a cabeça, encolheu os ombros e sinalizou com o polegar para baixo. Mais uma tentativa frustrada. Ele não tinha conseguido vender sequer um mísero pote de meio litro à Natural Foods. "Da próxima vez eles não escapam, Pete", afirmou com ar despreocupado, como quem diz "a esperança é a última que morre".

Estava na cara que Reggie não achava que eu fosse me aborrecer com aquela notícia. Afinal, ninguém esperava mesmo que ele fechasse a venda. Vínhamos tentando há anos. De certa forma, Reggie dava a impressão de estar aliviado. Ir até lá se tornara uma obrigação, uma tarefa que ele precisava realizar ano após ano. Agora, a missão estava cumprida. Menos uma coisa para ele fazer.

Só que, este ano, eu estava contando com essa venda. Tínhamos criado três novos sabores com ingredientes naturais que eu acreditava que iriam arrasar. Era a mesma estratégia que tornara nossa marca rapidamente conhecida no mercado. Com o lançamento de novos sabores exóticos, conseguimos não só obter publicidade local e aumentar as vendas, como também chamar a atenção do país inteiro. Entretanto, minha estratégia de "novos sabores" parecia fadada ao fracasso na Natural Foods.

O pior é que eu não podia dividir minhas preocupações nem com o Reggie nem com ninguém. Recentemente, nosso chefe e fundador, Malcolm Jones, me dissera com todas as letras que estava profundamente insatisfeito com a estagnação das vendas e a redução das margens de lucro. Se a situação não melhorasse, ele teria de fazer algumas mudanças bastante radicais. Talvez a solução fosse contratar um novo time de gerentes. Ou, insinuou, acabaria sendo forçado a vender a fábrica para um produtor nacional ou, pior ainda, a fechar seu negócio de sorvete e vender o terreno a um incorporador. Ele foi categórico: "Não quero nem saber que providências você terá de tomar para dar uma virada, Pete. O problema é seu. Vire-se."

Com a expansão imobiliária em nossa cidade, não havia a

menor dúvida que Malcolm poderia ganhar muito mais dinheiro com a negociação do terreno do que com os lucros atuais da fábrica. De um jeito ou de outro, meu emprego corria perigo. Com esposa e dois filhos pequenos – de oito e seis anos – para sustentar, a bronca de Malcolm me arrancou da acomodação.

Depois de trabalhar 10 anos numa indústria de alimentos em Denver, eu tinha voltado à minha cidade natal há dois anos ao ser contratado pela Dairy Cream. Mas a sensação era de que só recentemente havíamos criado raízes: Jean, minha esposa, tinha arranjado emprego em um banco, e as crianças estavam ampliando seu círculo de amizades no bairro onde morávamos. Contudo, só o salário da Jean não seria suficiente para pagar o financiamento da casa e tudo o mais.

Se eu não conseguisse dar a volta por cima na Dairy Cream, para onde iria depois? Eu podia não ser o cara mais inteligente da face da Terra, mas me empenhava bastante no trabalho. Havia sugerido mudanças gerenciais e programas de motivação dos funcionários, visando melhorar o processo de fabricação e aumentar a produção.

Ultimamente, porém, nada parecia dar certo. Nossos sorvetes não conseguiam atrair os consumidores de maior poder aquisitivo – a clientela dos sorvetes especiais – nem eram competitivos o bastante para fazer frente às marcas mais baratas. Estávamos presos no meio, sendo espremidos pelos dois lados.

Eu nunca havia fracassado no trabalho, mas não estava conseguindo encontrar uma saída. O que eu poderia fazer para superar aquela crise? O que aconteceria a todas as pessoas que trabalhavam sob minhas ordens se Malcolm decidisse vender o negócio ou o terreno?

Naquela manhã de segunda-feira, eu tinha apostado todas as fichas na Natural Foods. Ela seria a nossa salvadora. Se os sorvetes da Dairy Cream estivessem à venda nem que fosse numa única filial da rede, nosso faturamento, com certeza, cresceria. O movimento na Natural Foods era tão grande que impulsionaria nossas vendas. E aí, é claro, poderíamos negociar a colocação de nossos produtos em todos os supermercados da rede, o que multiplicaria nossos modestos lucros num piscar de olhos. Além disso, como a Natural Foods tem a reputação de oferecer produtos de alta qualidade e um serviço de atendimento ao consumidor excepcional, isso sinalizaria a outros varejistas que tínhamos recebido o selo de aprovação do juiz mais severo no ramo de alimentação. O resultado? Mais encomendas.

Então, quando Reggie me contou que o comprador da Natural Foods nos dissera outro "não" depois de uma curtíssima reunião de 10 minutos, meu coração foi parar no pé. Reggie explicou que mal tinha formulado a primeira frase e o comprador começou a lhe fazer uma série de perguntas a que ele não sabia responder.

– Que tipo de pergunta? – indaguei.

– Qual a densidade do nosso sorvete, a porcentagem dos ingredientes em termos de peso e volume, o grau de aceitação das nossas embalagens...

– O grau de aceitação das nossas embalagens?

– Isso mesmo – confirmou Reggie. – Nunca tinha passado por um interrogatório desse tipo.

Fiquei chocado. Como a Natural Foods poderia tomar a decisão de encomendar ou não nosso sorvete baseada em perguntas tão enigmáticas?

Minha decepção logo se transformou em determinação. Simplesmente não podia admitir que perdêssemos essa oportunidade. Lembrei que conhecia um dos chefões da loja e, embora tivesse marcado uma reunião com o diretor de qualidade naquele dia, levantei-me num ímpeto. Eu mesmo faria a abordagem de vendas! Tirei os óculos de proteção e o jaleco que usamos no laboratório, vesti o paletó e peguei as chaves do carro. Eu não sabia exatamente o que iria fazer. Não sou vendedor nem tenho experiência nessa área, mas uma coisa estava bem clara na minha mente: eu *tinha de* fechar essa venda. Entrei no carro – um utilitário que tinha comprado há pouco mais de dois meses para facilitar o transporte das crianças de um lado para outro e que ainda estava pagando – e dei a partida.

Embora sempre tivesse me recusado a fazer compras na Natural Foods – de picuinha, porque eles nunca compravam nosso sorvete –, não tive a menor dificuldade de encontrar o supermercado: um edifício enorme localizado num cruzamento movimentado. Era uma loja bacana, que não se parecia em nada com o mercado que eu freqüentava. A fachada tinha amplas janelas emolduradas por tijolinhos, o que lembrava mais uma livraria do que um supermercado. Do estacionamento era possível ver os pilares com mais de nove metros de altura, o teto inteiro pintado de bege e as bandeirolas alegres tremulando sobre as caixas registradoras. Quer você estivesse interessado nas mercadorias ou não, o projeto da loja parecia convidá-lo a entrar.

Eu não estava muito propenso a simpatizar com o lugar, mas não pude deixar de notar como eles se esforçavam para fazer os clientes se sentirem bem-vindos. Apesar do meu boicote, Jean adorava fazer compras lá e se derramava em elogios ao supermercado, zombando delicadamente da minha recusa em colocar os pés no local. Não demorei a perceber o motivo do seu entusiasmo.

Ao passar pela porta principal – sempre aberta para receber os compradores –, observei que era tão ampla que seria praticamente impossível esbarrar em outro cliente, mesmo que o supermercado estivesse apinhado de gente. Fui recebido com uma agradável rajada de ar fresco naquele dia quente de verão. Passei direto pela fila dos carrinhos de compra, todos em perfeito estado, pintados de verde forte e organizados em formato de leque: máxima facilidade de acesso com o mínimo de esforço. Senti um perfume inconfundível e, ao virar para a esquerda, dei de cara com uma verdadeira parede de flores, como se estivesse diante de um quadro impressionista. Para completar, havia uma música suave e relaxante tocando ao fundo. Os 10 primeiros segundos na Natural Foods eram, sem dúvida, uma experiência inesquecível. Com seu ambiente atraente e diferenciado, a loja oferecia a melhor acolhida que um cliente poderia receber.

– Oi, tudo bem com você?

Era uma voz tão amigável e soava tão sincera que presumi

que fosse de alguma conhecida. Não consegui esconder minha perplexidade quando me virei para responder. Eu nunca tinha visto aquela fisionomia antes.

– Posso ajudá-lo?

– Não, obrigado.

Ela não era exatamente uma recepcionista, mas uma funcionária simpática, ocupada em organizar as flores e aproveitando para dar um "oi" aos clientes que passavam. Ouvi um coro de saudações semelhantes enquanto andava pela loja. Pelo que percebi, aqueles cumprimentos muitas vezes evoluíam para conversas mais longas.

Numa passada de olhos pelo interior da loja, notei como ela era limpa e acolhedora. Não tinha nenhuma semelhança com o supermercado que eu freqüentava lá perto de casa – muito menos com a fábrica em que trabalhava. Abandonei rapidamente essa linha de pensamento. Afinal de contas, eles vendiam no varejo e nós, para lojas, não para consumidores.

Depois da seção de flores, encontrei o que procurava: a Central de Atendimento ao Cliente. Havia duas funcionárias para esclarecer as dúvidas e ouvir as reclamações e sugestões dos fregueses, sendo que uma delas estava livre.

– Oi – disse a recepcionista. – Meu nome é Jenny. Posso ajudá-lo?

Quando saltei do carro, tinha certeza de que estava de cara amarrada, mas não consegui manter os lábios contraídos diante de um sorriso tão gentil. Como tinha saído da fábrica às pressas, não anotei o nome do comprador com quem Reggie se encontrara e agora não sabia quem procurar. Mas, como conhecia um vizinho dos meus pais que trabalhava na Natural Foods há muitos anos, decidi tentar falar com ele.

– O Sr. McMaster ainda trabalha aqui?

– Trabalha, sim – respondeu com um sorriso. – Vocês marcaram uma reunião?

– Não – admiti. – Será que tem algum problema?

– Claro que não. Todos os dias ele conversa com muitos clientes, e duvido que esses encontros sejam agendados – respondeu.

– Para falar a verdade, não sou um cliente. Fomos vizinhos... há muito tempo. Faz uns bons... puxa, provavelmente uns 10 anos.

– É mesmo? – ela riu e perguntou de brincadeira: – Ele lhe deve dinheiro?

Caí na gargalhada, incapaz de resistir ao bom humor da moça.

– Na verdade, estou aqui numa visita de vendas.

– Bem, se faz tanto tempo assim que não vê o Mike, acho que é melhor eu levá-lo até ele.

Jenny saiu de trás do balcão, avisou à colega que voltaria logo e foi andando comigo pela loja.

– O escritório dele fica nos fundos? – perguntei.

– O escritório do Mike será nossa *última* opção. É mais provável que ele esteja no estacionamento coletando carrinhos, ou na entrada mexendo nas flores, do que sentado diante de uma escrivaninha. Ele passa a maior parte do tempo circulando pela loja, conversando com os clientes e com a nossa equipe.

Fomos caminhando pelos corredores, que eram bem mais largos do que eu calculara ao avistar a loja do estacionamento. Eram imaculados e confortavelmente organizados. As estantes eram em cerejeira, projetadas para fora e sustentadas apenas em uma das extremidades, quebrando as linhas estéreis e retas encontradas na maioria dos supermercados. A iluminação era mais agradável que as duras lâmpadas fluorescentes usadas nos estabelecimentos comerciais, e uma impressionante variedade de plantas fazia com que aquele enorme caixote se assemelhasse mais a uma cafeteria sofisticada do que a um gigantesco mercado.

O que mais chamou minha atenção, entretanto, foi a quantidade de empregados repondo mercadorias nas prateleiras, fazendo uma arrumação mais criativa dos produtos junto com outros colegas, conversando com clientes. Estava claro que, em vez de considerarem as perguntas dos compradores uma chateação, aquela era a parte do serviço de que mais gostavam.

Jenny avistou Mike. Ele estava ajudando uma cliente no setor de massas, e os dois trocavam idéias sobre a grande variedade de opções. Dava para perceber que tinha envelhecido, mas de modo geral estava muito bem: ainda era magro e ativo, com a mesma luz intensa refletida nos olhos. Mike fazia uma série de perguntas à consumidora, procurando entender o prato que ela estava pensando em preparar para, então, sugerir-lhe a massa e o molho que combinariam melhor com a sua receita.

Fez sinal para que esperássemos um pouquinho e continuou sua conversa com a cliente. Quis saber com que freqüência ela ia à Natural Foods (todas as semanas, ela respondeu), do que mais gostava (das mercadorias e do serviço) e o que achava que podia ser melhorado.

– Hum... difícil de dizer. Venho aqui a toda hora e gosto muito. Mas acho que talvez fosse útil se houvesse um cartão ou uma ficha de informações sobre os produtos, pois assim eu não precisaria perguntar a um atendente toda vez que tivesse uma dúvida.

– Sra. Smith, é sempre um prazer conversar com nossos clientes – disse ele. – É uma idéia muito boa. Vou ver o que posso fazer.

– Obrigada. E pode me chamar de Samantha.

– Muito bem, Samantha. Obrigado por visitar nossa loja.

Quando Mike se virou na nossa direção, foi logo dizendo:

– Meu Deus, só pode ser o filho de Frank Delvecchio. Você é o Peter, certo?

– Isso mesmo – respondi, estendendo a mão para cumprimentá-lo. – Que memória! Na última vez que nos vimos, eu estava saindo da faculdade, tinha cabelos longos e usava óculos...

– E eu devia estar com uns 45 anos, *com* algum cabelo e *sem* óculos!

Mike agradeceu a Jenny por sua ajuda.

– É um prazer vê-lo novamente, Peter. Aceita um café?

– Seria ótimo – agradeci. – E pode me chamar de Pete. Acho que a mamãe é a única pessoa que me chama de Peter.

– E você pode me chamar de Mike.

– Certo, Mike.

Mike foi caminhando em direção à lanchonete na parte da frente do supermercado. Naquele horário os raios de sol atravessavam os vidros coloridos das janelas. Ele encontrou uma mesa disponível e nós nos sentamos.

Com um sorriso, a garçonete se aproximou para anotar os pedidos.

– Tem café com leite? – perguntei.

– Tem sim – respondeu a garçonete. – E você, Mike?

– Pode trazer dois, Mônica. Obrigado.

Virando-se para mim, ele foi direto ao ponto:

– E então, a que devo a honra?

– Bem, primeiro, é um prazer revê-lo – disse, de repente um pouco envergonhado por nunca ter passado por ali antes para cumprimentá-lo. Eu tinha esquecido como o Mike era um cara legal.

– O prazer é meu – ele retribuiu a gentileza. – Mas desconfio que você não veio até aqui só para me dizer oi!

O comentário me pegou desprevenido. Com toda a certeza, ele já estava acostumado a essas visitas de vendedores.

– Você tem toda a razão – concordei. – Sou gerente de fábrica da Dairy Cream. Faz uns dois anos que trabalho lá. Venho tentando colocar nosso sorvete em sua loja há muito tempo. Lembrei que você tinha ajudado o fundador da Natural Foods a praticamente criar a rede alguns anos atrás, antes de voltar para a nossa cidade. Então resolvi entrar e ver se você ainda trabalhava aqui.

Ele abriu os braços e sorriu:

– Agora você tem a resposta!

– Qual a sua função atualmente?

– Tive a sorte de entrar na Natural Foods no momento certo, quando a empresa estava se estruturando. Com o tempo, fui galgando posições até me tornar um dos vice-presidentes da empresa. Há 10 anos, decidi que queria reduzir as horas de trabalho e as viagens, e perguntei ao nosso fundador, Glen Goodwell, se poderia ajudá-lo a abrir uma filial na minha cidade. – Ele olhou ao redor da loja e acrescentou: – Deu certo!

– Então você é o gerente da filial?

– É, acho que se pode chamar assim, embora muitas das idéias e decisões administrativas partam das pessoas de uniforme verde que você viu pela loja.

– E é você quem decide que produtos comprar?

– Claro que minha opinião vale muito. Mas, normalmente, são os chefes de departamento que recebem a visita dos vendedores. Acho que sei aonde você quer chegar, Pete. Seu representante de vendas... Reggie, não é mesmo? Ele esteve aqui esta manhã tentando convencer o Ike, nosso homem do sorvete, a comprar da Dairy Cream. Sinto informar que ele não fechou a venda.

– Eu sei. Foi por isso que decidi vir até aqui. E você, como ficou sabendo disso?

– Por acaso. Eu estava passando pela seção de congelados, vi os dois conversando e resolvi participar da reunião.

– E como foi? Quero dizer, sei que o Reggie levou um "não", mas gostaria de entender por que seu comprador recusou o nosso sorvete.

– Bem, eu poderia lhe dar várias razões. Toda semana recebemos meia dúzia de fabricantes de sorvete que vêm aqui com a mesma conversa mole, mas nosso espaço nos congeladores é limitado. Além disso, poderia dizer que a concorrência está cada vez mais acirrada, etc. e tal. Mas duvido que você fosse achar qualquer uma dessas desculpas satisfatória.

– Você tem razão. É um mercado no mínimo difícil, o que se aplica também a muitos outros segmentos. Mas, sinceramente, ainda não consigo entender. Acho que temos um produto maravilhoso. E estamos o tempo todo lançando novos sabores e combinações de ingredientes. Fizemos um sucesso enorme com o sabor de menta rosada com coco, por exemplo. Não entendo por que vocês compram outras marcas e ignoram a nossa.

Naquele momento, Mônica apareceu com nossos cafés com leite. Mike agradeceu, tomou um gole e virou-se para mim.

– Nesse ponto, acho que posso ajudá-lo – fez uma pausa. – Antes, porém, gostaria de lhe fazer algumas perguntas.

– Pois não.

Eu estava crente que sabia tudo sobre o nosso produto e que estava apto a esclarecer qualquer questão que ele levantasse.

– Você está convencido de que seu sorvete é de alta qualidade, não é? Por quê? Porque seus engenheiros de controle de qualidade já o testaram e o compararam com todas as outras marcas?

– Isso mesmo – respondi. – Bem... com a maior parte delas – tive de reconhecer. – Talvez não sejamos os melhores, mas nossa qualidade é, de longe, superior à da maioria. E quase sempre conseguimos usar ingredientes naturais.

– Suponho, então, que vocês estejam usando seus próprios parâmetros para avaliar a qualidade. Quando checamos a composição do seu sorvete, a porcentagem de gordura e a proporção dos ingredientes naturais e dos aditivos usados, e comparamos esses dados com os das outras marcas, aí vocês vão parar lá embaixo na lista. Tenho a impressão de que vocês utilizam ingredientes naturais quando é compensador, mas lançam mão de outros recursos quando o custo é elevado. Estou certo?

Meu silêncio sem graça confirmou o que ele suspeitava.

– Seu pessoal conversa com os compradores das lojas, ou com os clientes, sobre o que eles realmente desejam de um sorvete?

Também não tive resposta para essa pergunta. A verdade era que não fazíamos nada disso. Se ele tivesse me apertado, eu teria sido forçado a admitir que realmente não estávamos tentando produzir o melhor sorvete do mercado. Ainda não tínhamos descoberto uma forma de preparar um sorvete melhor sem elevar os preços além do que o mercado agüentaria. Como alternativa, confiávamos na nossa habilidade de lançar novos sabores o tempo todo e no atrativo de embalagens chamativas. Em geral funcionava, pelo menos durante um tempo.

O problema era que nossos concorrentes estavam de olho nas nossas vendas, como verdadeiras aves de rapina. Alguns meses depois do lançamento de nossos novos sabores, eles imitavam aqueles que haviam emplacado e ignoravam os que não tinham obtido boa aceitação. E com a vantagem de conseguirem fazer um sorvete mais gostoso ou mais barato. Éramos líderes de mercado por um ou dois trimestres apenas. Depois nossos concorrentes assumiam a liderança.

Eu sabia de tudo isso – e percebi que Mike também sabia. Meu silêncio deve ter revelado em que pé nos encontrávamos.

– Tenho de lhe fazer uma pergunta delicada – Mike continuou. – Será que a *qualidade* é realmente a mola mestra da sua marca? Será que ela determina tudo o que vocês fazem?

Engoli em seco, constrangido. E ele continuou de uma maneira surpreendentemente direta:

– Acho que sei o motivo por que você está tão contrariado por não comprarmos seu produto. Não é por acreditar que nossos *clientes* estão perdendo a oportunidade de experimentar um sorvete maravilhoso. O problema é que *vocês* estão perdendo a oportunidade de vender para mais clientes. E vocês não compreendem por que não concordamos com seus critérios ou com seus resultados.

Ele fez uma pausa e continuou com um tom de voz mais suave:

– Pete, se me permite, você é um sujeito inteligente, um cara decente e de boa família. Tenho certeza de que passa muitas horas no trabalho, tentando melhorar a qualidade do seu sorvete e, ao mesmo tempo, aumentar a produtividade da fábrica, a fim de reduzir custos e oferecer preços mais competitivos. E é evidente que tem orgulho do que faz. Mas a impressão que dá é que você não tem a menor idéia do que fazer para melhorar a qualidade do seu produto. Você está louco para fechar esta venda, o que é mais do que razoável, mas seu pessoal jamais nos perguntou o que queremos ou o que nossos clientes querem. Nem como a Dairy Cream poderia ajudar a Natural Foods ou os nossos clientes. Seu foco está em vender sorvete, e só.

Mike olhou no fundo dos meus olhos antes de prosseguir:

– Isso não me surpreende. A filosofia da Dairy Cream é semelhante à de várias outras empresas. Vou lhe contar algo que Glen Goodwell me disse anos atrás, quando estava abrindo a Natural Foods. Em termos de inovação... lançar novos produtos, idéias ou tecnologias... as empresas se saem muito bem! Entretanto, quando se trata de qualidade, dos esforços diários e ininterruptos para melhorar um produto ou serviço, garantindo que ele satisfaça plenamente e o tempo todo aos padrões estabelecidos, com o objetivo de construir uma relação de fidelidade com os clientes, elas falham. É como a fábula da tartaruga e da lebre: somos a lebre, liderando a corrida com as inovações. Contudo, em dado momento, a tartaruga nos alcança, da mesma maneira que os concorrentes conseguem copiar seus sabores e superar suas vendas com aprimoramentos constantes e crescentes. Simplesmente porque a qualidade é a prioridade deles.

A qualidade precisa estar no nosso DNA.

– O fato é que, conforme Glen salientou, a qualidade, muitas vezes, não está no DNA das empresas. No Japão, e atualmente também na Coréia, a qualidade se tornou o pilar de sustentação das companhias. Então, o que ocorre no resto do mundo é que as empresas criam novos produtos e abrem novos mercados, só para perdê-los em seguida para os concorrentes. Sem investir seriamente em qualidade, muitos empreendedores ficam presos num círculo vicioso, eternamente obrigados a desenvolver algo novo para se manterem à frente. Você sabia, por exemplo, que foram os Estados Unidos que inventaram o sistema de posicionamento global para veículos, o GPS, assim como o transistor e o chip de computador, entre várias outras coisas que hoje fazem parte de nosso dia-a-dia? Apesar disso, perderam a maioria desses mercados tão rápido quanto os criaram...

Mike fez uma pausa.

– Bom, vamos ao que interessa: a Dairy Cream está o tempo todo saindo à frente ao lançar sabores realmente interessantes. Entretanto, como vocês não se esforçam para descobrir o que nós, clientes, queremos em termos de qualidade, acabam sendo passados para trás pela concorrência.

Sentia-me humilhado e com vontade de chorar, algo inacreditável no meu caso, porque sou um sujeito bastante resignado e pouco dado a reações emocionais. Tudo o que eu queria é que ele se calasse.

– Lamento muito – Mike tentou me confortar. – Sou bem mais velho e, creio, um pouco mais sábio. Já cometi os mesmos erros que você. Para a Natural Foods, a *qualidade* está no cerne de tudo. Somos a exceção no nosso nicho, pois os outros supermercados só parecem interessados em correr atrás da última tendência. E é por isso que somos bem-sucedidos.

– Mike – balbuciei, o nó em meu estômago exigindo que eu confessasse tudo. – Preciso de ajuda. Na verdade, estou no maior aperto. Se eu não encontrar um jeito de aumentar a receita e os lucros da Dairy Cream o mais rápido possível, o dono da empresa, Malcolm Jones, disse que irá demitir toda a equipe gerencial ou então vender o negócio. Nos dois casos, tanto eu quanto meus funcionários estamos no olho da rua. Ele me encarregou de promover uma mudança radical na empresa, mas não sei o que fazer para ajudar a Dairy Cream a dar a volta por cima. Tenho esposa e dois filhos... Estou morrendo de vergonha de lhe pedir isso, principalmente depois de tantos anos sem nos vermos, mas preciso da sua ajuda. Você parece ter descoberto o caminho para o sucesso. Por favor, diga o que devo fazer para que a *qualidade* se torne parte da nossa cultura, também.

Mike olhou para mim pensativo e fez que sim com a cabeça.

– Se estiver buscando ajuda para vender seu sorvete, teremos de ir até à fonte. A Natural Foods foi construída com base na idéia de excelência, e excelência começa com ajudar os outros o máximo possível todos os dias. Excelência não é uma tarefa ou um trabalho que executamos para vender algo. É a paixão por ajudar os outros. Uma paixão que acaba nos revigorando durante o processo. Até que compreenda do que se trata, você nunca vai conseguir mudar sua maneira de pensar nem aumentar suas vendas. O primeiro passo, meu amigo, é conversar com as pessoas que cuidam de você e tentar cuidar delas também. Posso lhe fazer uma pergunta? Já faz tempo que se preocupa com essa situação, não é verdade?

Concordei, desanimado.

– Já falou sobre suas preocupações com seu conselheiro e cliente mais próximo, sua esposa?

Balancei a cabeça, envergonhado mais uma vez. Ele olhou para o relógio.

– Escute, preciso resolver uns assuntos aqui esta tarde.

Amanhã tenho algum tempo disponível pela manhã. Por que não aparece antes da loja abrir, por volta das sete horas? Prometo lhe dar algumas pistas. Prepare-se para trabalhar muito: não se melhora a qualidade de um dia para o outro. Mas acho que posso apresentar sugestões sobre como dar a partida... e fazer com que o dono da empresa saia do seu pé.

Não vendi nenhum sorvete naquele dia. Já não parecia tão importante.

CAPÍTULO 2

aprendendo a escutar

Fui para casa pensando em tudo o que havíamos conversado. Embora tivesse mais perguntas a fazer do que respostas a dar, senti que as questões levantadas me colocariam no caminho certo.

Naquela noite, depois que as crianças foram dormir, tive uma longa conversa com Jean sobre o que estava se passando na empresa. Quando lhe falei das ameaças de Malcolm e contei que a salvação da empresa dependia de mim, ela ficou estarrecida.

– Por que não me disse isso antes? – ela perguntou, visivelmente magoada.

– Não queria que você se preocupasse sem necessidade. Mas errei ao resolver guardar o problema só para mim. Estou arrependido.

Conversamos por uma hora sobre a fábrica e sobre nossos medos. Depois de superar a raiva inicial por eu ter escondido dela fatos tão graves, Jean foi prestativa e encorajadora, oferecendo-se para assumir mais obrigações em casa enquanto eu estivesse buscando soluções para os problemas no trabalho. E como foi bom poder compartilhar meus temores e preocupações, em vez de ocultá-los da pessoa mais importante da minha vida.

Na manhã seguinte, acordei ansioso pelo encontro com Mike. Vesti uma camisa social, uma gravata nova e engraxei os sapatos. Por alguma razão, desconfiei que ele estaria atento aos detalhes e consideraria o meu esmero como uma prova de respeito, o que era exatamente a minha intenção.

No caminho até à Natural Foods, senti uma profunda mudança no meu estado de espírito em relação ao dia anterior. Em vez de estar desesperado atrás de uma ordem de compra, eu desejava conselhos e, quem sabe, respostas.

Encontrei o Mike esperando por mim na entrada principal. Minutos depois estávamos sentados no mesmo lugar da véspera.

Uma garçonete diferente veio anotar nosso perdido.

– Café com leite, Mike? – ela perguntou.

– Sim, Amy, obrigado – ele respondeu, voltando-se para mim. – E você, o que vai querer?

– A mesma coisa.

– Dois, por favor.

Mike parecia sinceramente feliz em me ver.

– Sua aparência está melhor hoje, você parece menos tenso – disse daquela sua maneira direta, bem peculiar.

– Estou me sentindo bem melhor.

– Conversou com sua esposa sobre os problemas na fábrica?

– Não tive escapatória, depois do nosso papo de ontem – respondi rindo.

– E como ela reagiu?

– Ela ficou surpresa com a situação da Dairy Cream, é claro. Mas me deu total apoio, o que foi muito bom.

– Que ótimo! – Mike disse. – Para vocês dois.

– Quando saí daqui ontem, estava me sentindo envergonhado – confessei. – Era incrível que eu não conseguisse tirar meia hora para contar à minha esposa as dificuldades que venho enfrentando na empresa. O que ainda não entendo, porém, é a conexão entre isso e melhorar a qualidade no meu trabalho.

Mike refletiu um pouco antes de responder:

– Pense no que você fez. Foi uma demonstração de respeito pela relação que vocês mantêm há tantos anos. Você se abriu com sua esposa, permitiu que ela soubesse o que o perturbava e pediu a opinião dela. Ou seja, provou que se importa com ela e que confia nela.

– Isso mesmo – confirmei. – E estou muito feliz. Mas o que isso tem a ver com vender sorvete?

– Tudo na vida se resume em zelar pelas pessoas que são importantes para você. Toda empresa tem a ver com pessoas: os colegas de trabalho e os clientes. Vou tentar explicar melhor. Quando acordo de manhã, a primeira coisa que passa pela minha mente não é "Como podemos bater nossas metas financeiras na Natural Foods?", e sim "Como podemos ajudar as pessoas que fazem tanto por nós?". Às vezes, quando os resultados estão um pouco baixos perto do final do mês e observo que tanto eu como o restante da equipe estamos nos sentindo pressionados, sou o primeiro a dizer: "Não vamos nos preocupar com isso. Se não atingirmos as metas, o melhor que temos a fazer é nos divertirmos com o trabalho e aproveitarmos para ganhar alguns pontos com os clientes. Vamos sair e nos alegrar!" Na primeira vez que agimos assim aconteceu algo incrível: uma explosão nas vendas. Batemos todas as metas! Já fizemos isso algumas vezes e sempre funcionou. Para mim, a questão é a seguinte: o lucro é o resultado, o *subproduto* de um serviço nota 10, de um alto padrão de qualidade, de um excelente trabalho de equipe – *não é um fim em si mesmo.*

– Mas o que isso tem a ver com qualidade? – perguntei.

O lucro é o resultado, o subproduto *de um serviço nota 10.*

Amy trouxe nosso café com leite.

– Obrigado, Amy. Parece ótimo – Mike agradeceu.

Tomei um gole. Estava realmente delicioso.

– Diversão e dinheiro – Mike disse. – Como eles afetam a qualidade? Boa pergunta. Tem tudo a ver com as bases que você precisa construir para fazer com que a excelência seja parte integrante de tudo o que faz. – Ele bebeu outro gole do café. – Pete, qual é seu passatempo favorito?

– Golfe.

– Joga sempre?

– Sábado sim, sábado não.

– Eu também. E quando está jogando, você pensa em outra coisa que não seja golfe?

– Em geral, não.

– Em outras palavras, você se concentra totalmente no que está fazendo. Vou lhe fazer outra pergunta: do que você mais gosta quando está jogando golfe?

– Das belas manhãs de sábado, de encontrar os amigos, aproveitar o ar puro, competir amistosamente, sem estresse. Não dá para não gostar!

– Você realmente adora tudo isso, não é? – perguntou Mike. – Isso é ótimo, pois, sem paixão, *nada* é divertido. Não importa se seu hobby é jogar golfe ou colecionar selos, fazer jardinagem ou restaurar carros antigos. Se não der o melhor de si, seja no que for, nunca obterá bons resultados.

– Amém – respondi.

– Tenho observado que as pessoas, muitas vezes, se dedicam mais aos seus *passatempos* do que ao *trabalho*. Gastam tempo e energia em algo que lhes custa dinheiro, só porque adoram! Você, provavelmente, passa alguns minutos todos os dias, seja no escritório ou no carro, pensando na última partida com os amigos, ou numa nova técnica que acabou de aprender, ou no campo novinho em folha onde sonha jogar durante as férias.

Tive de rir.

– Acertou em cheio. Perdão pelos meus pecados!

– Vou lhe contar um segredo: seus colaboradores agem da mesma maneira. Eles colocam seus passatempos em primeiro lugar e o trabalho, em segundo.

– Bem, e qual é o problema? – perguntei, na defensiva diante do comentário em relação à minha equipe. – Quer dizer, se isso não atrapalhar o trabalho?

– Problema nenhum – respondeu Mike. – A questão é esta: se quiser provocar uma revolução na empresa, vai ter de fazer com que seu pessoal *trabalhe* com a mesma dedicação que demonstra quando se diverte. Como se consegue isso? Esse processo precisa começar de cima, com você.

Fiquei impressionado. Os comentários de Mike soavam absolutamente verdadeiros. Faziam todo o sentido. Eu precisava arrumar um jeito de fazer com que meus colaboradores ficassem tão comprometidos com o trabalho quanto eram com seus hobbies.

– Você está certíssimo! – disse ao meu novo guru. – Então, para criar uma cultura de qualidade na Dairy Cream, preciso antes descobrir novas maneiras de motivar a equipe. Mas como posso fazer isso?

– O primeiro passo é transformar todas as suas tarefas diárias, tudo o que você faz por *obrigação*, em algo que deseja fazer, ou melhor, que você *ame* fazer. Vou lhe mostrar uma coisa que sempre me ajudou muito.

Mike tirou da carteira um pequeno cartão contendo versos de Robert Frost que diziam que sua meta na vida era "unir" o lazer à vocação, da mesma forma que seus "dois olhos se tornam um na visão".

Transforme o que você faz diariamente por obrigação *em algo que* ame *fazer.*

Mike esperou que eu lesse os versos antes de prosseguir:

– Todos nós conhecemos pessoas que têm empregos aparentemente ingratos, mas que mesmo assim parecem se divertir com o que fazem. Por exemplo, o carteiro do meu bairro sempre sorri e cumprimenta os moradores carinhosamente. O anterior parecia odiar seu trabalho e vivia emburrado. O novo é uma dádiva dos céus! Um dia perguntei qual era o segredo do seu eterno bom humor. Ele respondeu sem hesitar: "Todo mundo precisa receber sua correspondência. Na maioria dos casos, quando alguém falta a um dia de trabalho, ninguém percebe. Contudo, se o carteiro não aparecer, *todo mundo* vai notar! Nós ajudamos as pessoas, influenciamos seu cotidiano. Sei que minha função é importante, por isso me sinto feliz e realizado com o que faço."

– Certo – concordei –, mas nem sempre a importância de um trabalho é assim tão óbvia.

– Acredite em mim: se você tem um emprego, você é necessário. Senão o seu cargo não existiria! Não importa se você é o gerente da fábrica ou o faxineiro. As pessoas precisam *enxergar* como seu trabalho contribui para todos ao seu redor. Você acha que o sonho da Amy era servir café? Ou que o objetivo de vida da Jenny, a moça que conheceu ontem, é trabalhar na Central de Atendimento ao Cliente? Acho que não. Contudo, a postura delas nos leva a supor que sim. E por que os empregados da Natural Foods agem desse jeito? Porque deixamos bem claro como eles são importantes, tanto para os clientes quanto para a empresa. Valorizamos suas sugestões e opiniões. Fazemos com que sejam responsáveis e os incentivamos a dar suas contribuições. Por causa disso, o trabalho deles *é* realmente divertido! Descobrir maneiras de motivar os colaboradores é parte da nossa missão na Natural Foods. No papel, o trabalho deles não tem nada de glamouroso. Mas você consegue transformar qualquer atividade em algo prazeroso e gratificante *se mostrar às pessoas como a colaboração delas é fundamental!*

SERVINDO OS CLIENTES INTERNOS

– Atualmente, o moral da equipe na Dairy Cream está péssimo – tive de reconhecer. – Tão baixo quanto o retorno financeiro do trimestre passado. Está todo mundo reclamando das instalações da fábrica, dos colegas, dos supervisores, dos outros departamentos.

Mike franziu a testa.

– Esses são problemas sérios, Pete, não vou enganá-lo. Você faz alguma idéia da causa, ou das causas, do descontentamento geral?

– Causas?

– As pessoas não começam a detestar o emprego e os colegas sem mais nem menos. Elas estão se queixando de alguma coisa específica?

– De tudo e de nada. Talvez elas sintam que não há nada que possam fazer para melhorar a situação – sugeri, surpreso com aquela constatação. Uma pergunta me veio à mente: – Como você pode ter certeza de que seus funcionários vão tratar bem os clientes?

Meu tutor sorriu.

– Vamos lá! Lição número um: toda empresa tem *dois tipos* de clientes, os *externos* e os *internos*. Os seus *primeiros* clientes são os que estão dentro da empresa, seus funcionários ou colegas de trabalho. Se não cuidar bem da sua equipe, não pode esperar que ela se empenhe para oferecer um bom serviço aos clientes de fora da empresa.

Mike fez uma pausa para ver se eu tinha assimilado aquele importante conceito e disse que já havia observado que cada empresa tinha sua própria estratégia para assegurar que os funcionários atendessem a clientela de acordo com os padrões estabelecidos pela administração.

– Na Natural Foods não sou *eu* quem cuida disso – explicou Mike. – São os *nossos funcionários*. Temos mais de 200 só nesta loja. Eu não teria a menor condição de bancar o fiscal de todas essas pessoas, principalmente se elas estivessem decididas a arruinar o negócio. Em vez disso, lançamos mão de uma estratégia que consiste em uma forma amistosa de pressão exercida pelos colegas, com a finalidade de todos caminharem na mesma direção. Nossos colaboradores estimulam uns aos outros e todo mundo fica sabendo que não só faz parte de uma equipe, como também é responsável por ela. Pode acreditar: isso é muito melhor do que eu, sozinho, motivar todo mundo.

– E como você consegue isso?

– Por que não perguntamos diretamente a eles?

Mike virou-se para Amy.

– Você tem um minutinho, Amy?

– Lógico – ela respondeu. – Vou fechar uma conta e já volto.

Num instante Amy estava de volta.

– Você não tinha uma conta para fechar? – perguntei, dando uma olhada ao redor.

– Meu colega Jerry vai fazer isso para mim.

– E as gorjetas? – indaguei, preocupado que a moça deixasse de ganhar dinheiro por causa daquela conversa.

– Não tem problema – respondeu Amy. – Todo o dinheiro da nossa equipe, o pessoal da lanchonete, é dividido igualmente entre nós, de acordo com o número de horas trabalhadas.

– Mas o que acontece se um colega fizer corpo mole? Não vai prejudicar todo mundo?

– Isso poderia acontecer – ela concordou – em *outro* lugar. Aqui é praticamente impossível. Primeiro porque temos autoridade para opinar não só sobre o trabalho do outro, mas também sobre seus ganhos. E, segundo, somos nós que escolhemos nossos companheiros de equipe.

Eu não podia acreditar no que acabara de ouvir.

– Como assim?

Amy e Mike riram.

– Quer responder, Mike?

– Não, Amy, vai ser melhor se ele ouvir isso de você.

– Bem – ela prosseguiu –, na Natural Foods, quando precisamos contratar alguém, toda a equipe se mobiliza. Na lanchonete, por exemplo, somos aproximadamente 35 trabalhando em horário integral. Todos nós participamos do processo de seleção, entrevistamos os finalistas e escolhemos um candidato, por maioria de votos, para um período de experiência de um mês. Após esse período, votamos novamente. Dessa forma, se você é primo de um funcionário, por exemplo, pode até conseguir uma entrevista, mas isso não vai lhe garantir o emprego se não tiver o perfil adequado. Ninguém quer uma pessoa na equipe que vá fazer corpo mole, porque isso vai nos custar dinheiro. E quando é você quem contrata, fica mais difícil se queixar de um colega que ajudou a selecionar!

– E o funcionário sente, de certa forma, que está no controle do seu ambiente de trabalho e das pessoas com quem vai dividir suas tarefas – frisei.

– Exatamente. Cada uma das equipes, seja da produção, da delicatéssen ou da padaria, tem autoridade para tomar suas próprias decisões – completou Mike.

– Vou dar um exemplo – Amy interveio. – A maioria dos clientes vem até aqui tomar um café ou fazer um lanche depois das compras. Mas começamos a observar que alguns deles voltavam à loja para comprar mais coisas e depois retornavam à mesa. Então alguém teve a brilhante idéia de permitir que nosso pessoal atuasse como "portador" para os fregueses da lanchonete. Só no primeiro mês houve um aumento de 20% nas nossas vendas. O que ocorre é que muitos clientes são tentados a comprar mais coisas, mas não estão a fim de se levantar e deixar as sacolas de compras para trás. Mas se sabem que podem contar com a nossa ajuda, lógico que eles querem! E tem mais uma vantagem: fazemos isso mais depressa, porque sabemos onde as mercadorias podem ser encontradas.

– Quando há espírito de equipe e autonomia – Mike acrescentou –, você veste a camisa e o trabalho se torna mais divertido. Este é o ponto: ao delegar responsabilidades e reconhecer a importância que os colaboradores têm para o sucesso do seu negócio, a resposta deles será positiva. Dê-lhes as ferramentas certas e treinamento, salário justo e motivação, além da oportunidade de serem ouvidos, e eles vão se comprometer mais com o trabalho e investir mais de si mesmos em sua empresa. Com a estrutura de trabalho certa, os próprios funcionários exercem pressão uns nos outros, e eles são muito mais duros do que você jamais poderia ser. E quanto melhor você tratar seus colaboradores, melhor eles tratarão seus clientes. Não existe outra fórmula. Essa premissa, Pete, é o *fundamento* da qualidade. É esse o tipo de ambiente em que a qualidade pode criar raízes e dar frutos. E qualidade é tudo.

Quanto melhor você tratar seus colaboradores, melhor eles tratarão seus clientes.

Senti vontade de voltar correndo para o trabalho para colocar em prática algumas daquelas idéias. Agradeci a Mike por seus conselhos e a Amy pelo tempo que me dedicou e pelo delicioso café com leite.

– Na próxima vez que nos encontrarmos, você se importaria de me contar um pouco mais sobre como se cria uma cultura de qualidade?

– Sem problema – Mike sorriu. – Ligue para mim mais para o fim da semana. E não deixe de me manter informado sobre os seus avanços – ele disse enquanto eu me despedia às pressas.

Voltei ao trabalho renovado, com uma energia e um entusiasmo que jamais sentira antes. Ao me aproximar das instalações da Dairy Cream, percebi pela primeira vez algo inacreditável. Não havia nenhuma placa ou letreiro com o nome da empresa. Não havia sequer uma indicação do que era produzido ali. Quando cruzei as portas da fábrica, uma atmosfera de mediocridade parecia tomar conta do lugar. Depois de ter passado a manhã na Natural Foods, aquilo foi um choque, como se eu tivesse sentido um odor repulsivo.

O pessoal do segundo turno estava prestes a bater o ponto de entrada. Pedi que me encontrassem no refeitório porque queria fazer uma reunião rápida antes de começarem a trabalhar. Decidi que conversaria com o pessoal do primeiro turno depois que eles saíssem, dentro de 15 minutos. Chamei também toda a equipe de escritório, deixando apenas algumas pessoas para atender os telefones.

Considerando que tinha pouco tempo, fui direto ao ponto.

– Vou abrir o jogo.

Com essas palavras, consegui atrair imediatamente a atenção de todos.

– É hora de encarar os fatos. A situação é a seguinte: ou vendemos mais sorvete ou a Dairy Cream vai ser vendida. Se isso acontecer, sabe-se lá quando será o último dia de salário. Inclusive o meu.

A palavra salário fez desaparecer o ar de indiferença de seus rostos. Muitos se inclinaram para a frente, como que para prestar mais atenção.

– Quando você ficou sabendo disso? – alguém perguntou.

– Umas duas semanas atrás – respondi. – Não sabia se lhes contava ou não. Mas percebi que estamos juntos nisso. Vamos afundar ou sobreviver como equipe, quer queiram, quer não.

As perguntas não paravam. Quanto mais precisaríamos vender? Quando a decisão final seria tomada? Que culpa tinham eles se o sorvete não vendia?

Quando enfim sossegaram, expliquei que eu não tinha certeza de quanto mais precisaríamos vender, ou até quando. Essas decisões seriam tomadas pelo Sr. Jones.

– Mas – acrescentei – por que deixar tudo ao sabor do acaso? Temos contas a pagar e famílias para alimentar. Claro que a colocação do nosso sorvete no mercado é responsabilidade dos representantes de vendas, mas é nossa obrigação entregar o melhor produto possível para facilitar o trabalho deles. No momento, o que me interessa é saber em que pé estamos, na opinião de *vocês,* e o que podemos fazer para transformar a Dairy Cream numa empresa melhor. Em primeiro lugar, o que vocês acham do trabalho que estamos fazendo agora?

Resmungos por todo lado. Ouvi coisas do tipo "Acho que poderia ser melhor" e "Nunca parei para pensar nisso" antes de eu lançar outra pergunta:

– Quantos de vocês acham que fazemos o melhor sorvete do mercado?

Ninguém se manifestou.

– E quantos realmente gostam de trabalhar aqui?

Novamente houve troca de olhares pela sala, mas ninguém levantou a mão.

– Tudo bem – eu disse.

Antes eu teria ficado irritado com a honestidade deles, mas me lembrei de algo que Mike me dissera: toda informação é boa.

– Identificamos dois dos nossos maiores problemas: primeiro, não fazemos o melhor sorvete; segundo, as pessoas não gostam de trabalhar aqui. Agora, como podemos mudar isso? – perguntei.

Silêncio. Ninguém ousava abrir a boca.

– O que podemos fazer para melhorar nosso produto? O que podemos fazer para tornar esta empresa um lugar melhor para se trabalhar? – insisti.

Nenhuma reação. Meti a mão no bolso de trás, tirei minha carteira e disse:

– Cem pratas pela melhor idéia.

– Bem – disse Julie, uma jovem muito séria –, seria bom se a fábrica fosse mais iluminada. É muito escuro em alguns locais. Nem sempre conseguimos ver o que estamos fazendo e fica difícil determinar a textura do sorvete.

– Muito bem – disse.

O meu antigo eu teria reagido de maneira completamente diferente. Teria reclamado do custo e dito que tínhamos iluminação suficiente. Só que eram eles que trabalhavam nas máquinas, não eu.

– Será que alguém poderia anotar as sugestões? – indaguei.

Julie se ofereceu.

– Jalecos menos folgados – outro funcionário disse. – Às vezes eles ficam presos nas máquinas.

– Um refeitório mais simpático, para a gente não se chatear de ter de trabalhar um turno extra.

– Muito bom, continuem! Não parem!

E assim a equipe foi listando várias idéias que nunca tinham passado pela minha cabeça: desde refazer as marcações do estacionamento até melhorar a qualidade das frutas que adicionamos aos sorvetes especiais.

– São idéias excelentes, pessoal – elogiei ao ler a lista da Julie. – Não vamos conseguir fazer tudo de uma só vez...

– Lógico – ironizou Kevin, o gaiato da empresa, arrancando algumas gargalhadas.

– Mas vou ver o que posso fazer imediatamente.

– E, então, quem vai ficar com a nota de 100? – perguntou Kevin.

Tinha me esquecido do dinheiro.

– Todos vocês. Aproveitem e vão almoçar.

Kevin apanhou a nota estalando de nova que coloquei sobre a mesa e disse:

– Existe almoço grátis, então!

CAPÍTULO 3

o segredo do CEO

Nos dias que se seguiram àquela reunião na fábrica, tentei compreender o que me levara a mudar minha maneira de pensar.

Sem dizer isso claramente, Mike tinha me desafiado a reconsiderar o modo como eu gerenciava minha equipe. Por mais que me recusasse a aceitar, fui obrigado a admitir que ele estava certo: habituei-me a decidir o que as pessoas deviam fazer, em vez de ouvir o que elas tinham a dizer para então atender às suas necessidades.

Isso não era uma bobagem, percebi. Era fundamental para que a qualidade se tornasse parte da nossa filosofia de trabalho. Como muitos outros gerentes, eu atribuía o baixo padrão de qualidade da empresa à mão-de-obra ou aos equipamentos antiquados. No entanto, como começava a entender, a qualidade tem por base uma liderança forte. E isso começa com o líder escutando com mais atenção o que os colaboradores e os clientes têm a dizer. Também tive de reconhecer que a mesma regra vale para a vida pessoal e o ambiente familiar. Amo minha esposa e meus filhos, mas será que ouço o que eles têm a dizer? Será que me acostumei a *perguntar* o que é importante para eles, em vez de assumir que temos a mesma opinião? Nesses dois últimos dias, Jean tinha notado uma grande diferença no modo como eu prestava atenção ao que ela e as crianças diziam durante o jantar e como ajudava os pequenos com o dever de casa. Assim como na fábrica, minha nova atitude já estava dando resultado.

Queria conversar com Mike sobre minha nova postura e maneira de pensar – e descobrir o que deveria fazer em seguida. Contudo, fiquei tão ocupado tomando as providências sugeridas pelo pessoal da fábrica que precisei esperar até à segunda-feira seguinte para voltar a vê-lo.

– Quais são as novas? – perguntou Mike, indo direto ao assunto quando nos sentamos para conversar.

Contei-lhe sobre a reunião na Dairy Cream e também sobre as idéias dos funcionários para melhorar não só a qualidade do sorvete, como também as condições de trabalho.

– No início, eles não estavam a fim de cooperar, mas depois foi como se as comportas de uma represa tivessem sido abertas. Nos dois turnos. Consegui muitas sugestões boas.

Mike sorriu.

– Estou contente. Dê a você mesmo algum crédito, Pete. Não são muitos os gerentes que têm coragem de se expor assim diante de sua equipe.

– Situações desesperadoras exigem medidas desesperadas! – brinquei.

– É, pode ser que sim, mas não se esqueça de que aquilo que você fez na semana passada pode ser repetido a qualquer hora, esteja você desesperado ou não. Na verdade, quanto mais você escutar seus colaboradores, menos desesperado ficará. E isso vale também para os clientes. Ao estender as mãos aos seus funcionários, você arou a terra e preparou-a para receber a semente da qualidade. Seu próximo passo como gerente – disse Mike sorrindo – é se concentrar *naquilo que você faz*, e não só nos resultados financeiros.

– O que você quer dizer com isso?

– Como falei na nossa última conversa, sempre que me concentro somente nos resultados, nos lucros, não fechamos o mês tão bem. Entretanto, quando meu foco está em ajudar as pessoas, superamos todas as metas.

Concentre-se naquilo que você faz, *e não só nos resultados.*

– Vou tentar explicar isso em termos de um jogo de golfe. Certa vez, alguém perguntou a Jack Nicklaus, um dos maiores golfistas de todos os tempos, com que freqüência ele olhava para o placar, para ver seus pontos e os dos oponentes, durante um torneio. Nicklaus respondeu que *nunca* olhava para o placar até o último dia do torneio. Por quê? Porque, se você pensar em seus *pontos*, perderá o foco no que precisa fazer para *conseguir* um bom placar: jogar bem. Em compensação, se você se concentra no que é necessário para *obter* uma boa pontuação, no caso do golfe, balançar suavemente, prestar atenção na direção do vento, no declive do gramado e no posicionamento do pino, o resultado vem naturalmente.

Mike tomou um gole de café com leite, dando um tempo para que eu absorvesse suas palavras.

– É assim que vejo nosso negócio. Se cuidamos da nossa equipe, os clientes internos, e fazemos tudo para satisfazer os clientes externos, oferecendo as mercadorias que eles desejam e tornando sua visita às nossas lojas a melhor experiência possível, os lucros vêm como conseqüência. No entanto, no minuto em que nos concentramos somente nos lucros, perdemos de vista as necessidades dos clientes, e os lucros desaparecem.

– É... acho que faz sentido. Precisamos nos concentrar no que estamos fazendo para conseguir resultados, e não apenas nos resultados propriamente ditos. O técnico de basquetebol no ensino médio nos aconselhava a não nos preocuparmos com o placar: "Jogue bem, e o placar vai marcar os pontos para nós."

– Exatamente – Mike concluiu.

– Mas como se cria uma cultura de excelência?

– Qualidade é o resultado da combinação do "poder das pessoas" com aquilo que os gurus da qualidade denominam "poder do processo", ou seja, a qualidade se apóia tanto no trabalho da sua equipe quanto na sua maneira de gerir o negócio. A base para a excelência é cimentada quando você forma uma equipe motivada. E, como você já sabe, isso só pode acontecer quando todos são valorizados, do presidente ao gerente da empresa, ao contador, ao operário da linha de montagem. Na hora em que você constrói um time motivado e comprometido com a empresa, a porção "poder das pessoas", estará pronto para se concentrar no "como" fazer. Na Natural Foods, usamos o CEO* para nos mostrar o caminho a seguir.

– CEO? – perguntei, confuso. – Como assim?

Mike deu uma boa gargalhada.

– Essa é a sigla que Glen Goodwell criou com base nas seguintes iniciais: **C**onsiderar, **E**nriquecer e **O**timizar. Tem a ver com *escutar* e *considerar* as opiniões dos clientes, *enriquecer* os produtos ou serviços que você oferece e *otimizar* a experiência do cliente. Faz parte do vocabulário que usamos aqui na Natural Foods, do presidente à atendente da lanchonete. Você já aprendeu a ouvir os clientes internos. Agora está na hora de escutar os *externos*, usando a mesma técnica.

– Essa abordagem parece ser muito eficiente para uma empresa que opera no varejo ou uma prestadora de serviço, mas será que vai funcionar em uma fábrica? – questionei. – Vendemos sorvete para supermercados e lojas de varejo. Não lidamos com o consumidor final.

– Errado! – reagiu Mike. – Este é um dos *maiores* erros que as empresas cometem: acham que cuidar dos clientes não é obrigação delas. Nunca se esqueça disto: se você *vende* alguma coisa, então tem clientes. E se tiver clientes, está fazendo negócios. E se planeja *continuar fazendo* negócios, sua tarefa mais importante é *cuidar* desses clientes! Por exemplo, se a Dairy Cream quiser que a Natural Foods seja sua futura cliente, o melhor que você tem a fazer é levar em consideração a nossa opinião.

* Nota do editor: Trocadilho com a sigla inglesa CEO (Chief Executive Officer), que designa o principal executivo de uma empresa.

Se você vende *alguma coisa, então tem clientes.*

– É, você está certo – reconheci, depois de refletir sobre o ponto de vista de Mike. – Mas deve haver algum outro segredo por trás do sucesso da Natural Foods.

– Claro que sim. Afinal de contas, apenas lhe dei as primeiras pinceladas sobre o CEO. Mas, no momento em que me esquecer desses princípios básicos, nada do que eu fizer terá a menor importância.

– Espere um pouco. Deixe-me ver se entendi até aqui: primeiro, preciso motivar minha equipe, provando a meus colaboradores o quanto eles são importantes. Segundo, se estamos fazendo negócios, estamos prestando serviço a alguém.

– Correto – assegurou Mike, todo satisfeito. – O primeiro passo é levar em consideração a opinião dos clientes ou consumidores, sejam *internos* ou *externos*. Descubra do que eles precisam, o que desejam. No mundo dos negócios, se você não souber ouvir, terá pouca chance de fazer qualquer outra coisa que realmente importe. Todas as empresas *dizem* que escutam os clientes, mas poucas realmente o fazem. Na maioria das vezes elas acabam com síndrome de DJ.

– Síndrome de DJ? O que é isso? – perguntei, rindo.

– Acredite ou não, eu era DJ quando estava na faculdade – Mike disse com um piscar de olho maroto. – E naquela época só havia aqueles discos de vinil preto, grandes, que eram tocados em vitrolas.

Escute o que os clientes ou consumidores estão dizendo.

– É isso aí, cara – respondi no mesmo tom de brincadeira.

– Bem, de qualquer maneira – Mike continuou –, como DJ eu só queria tocar as músicas de que gostava, presumindo que todos iriam adorá-las também, se tivessem bom gosto, claro. Meu chefe, que havia trabalhado para uma grande estação de rádio, explicou que esse era o maior e o mais comum engano dos DJs. E também o grande responsável pela queda dos índices de audiência. Ele disse que o meu trabalho não era fazer com que as pessoas gostassem da minha música. Era colocar a música que *elas* queriam ouvir. E só havia uma forma de descobrir isso: perguntando. Foi assim que inventamos os telefones para o ouvinte pedir sua música favorita. Diga-nos o que quer ouvir e tocaremos para você.

Mike disse que, guardadas as diferenças, essa era a filosofia da Natural Foods.

– Nós não só tentamos descobrir o que os clientes querem em termos de variedade e marca, como também procuramos lhes dar *tudo* o que pedem. É tão raro um cliente solicitar alguma coisa que, quando isso acontece, fazemos o máximo possível para atendê-lo. E é assim que deveria ser com todas as empresas.

– Mas – interrompi – você não acha que seu esforço para dar aos clientes o que eles querem pode causar confusão? A Natural Foods é conhecida pela comida saudável, sem conservantes e sem aditivos, não é mesmo? Você tem produtos maravilhosos e comidas prontas. Mas também vende carne de boi e de porco e até mocotó, sem falar na cerveja. Isso não é contraditório? Não pode prejudicar a imagem da rede?

– Você tem razão: o foco *está* nas comidas saudáveis, naturais. E nossos padrões são inflexíveis – ele respondeu. – E é esse o nosso diferencial em relação às outras lojas que vendem tudo o que existe sobre a face da Terra. Quando você entra num supermercado comum à procura de produtos naturais, tem de examinar rótulo por rótulo. Já em nossas lojas, pode apanhar qualquer coisa das prateleiras, porque só vendemos esse tipo de produto. Vale a pena ser conhecido no mercado por um determinado critério, e não se desviar dele.

Mike continuou, enfático:

– Isso não significa que os clientes tenham de concordar com *tudo* o que os gerentes ou os diretores acreditam que seja saudável. Mas de uma coisa nossos consumidores podem *ter certeza:* os nossos produtos são da mais alta qualidade, frescos e preparados com ingredientes naturais, sejam fabricados em nossas cozinhas ou comprados de fornecedores externos – afirmou. – Nosso diretor-executivo, Glen Goodwell, é vegetariano. Contudo, ele sempre soube que, se só vendesse a comida que gosta de comer, iria à falência em dois tempos. Optou, então, por perguntar aos clientes da primeira cooperativa que fundou décadas atrás o que *eles* queriam. Anotou os produtos que saíam mais e aumentou a oferta dessas mercadorias. Muitos de nós não comemos nem a metade das coisas que vendemos. Eu, por exemplo, não como trigo burgol. Mas nosso propósito não é fazer com que todo mundo coma o que comemos. O ponto em comum com nossos clientes é a preferência por alimentos mais saudáveis. Com base nessas premissas, nossa missão é oferecer o que eles desejam. Você sabe quem é o seu cliente ideal? – Mike perguntou.

– Nem desconfio.

– Qualquer um que queira comprar seus produtos – ele respondeu, rindo. – Qualquer um! Quando criou sua empresa de entrega expressa, o fundador da FedEx (sigla da Federal Express) deu-lhe esse nome porque presumiu que seu serviço seria usado exclusivamente pelas sedes regionais do Banco Central dos EUA, cujo apelido é Fed. Ele não previu que advogados mandariam contratos urgentes, ou mães carinhosas despachariam pacotes para os filhos em viagem ao exterior. Contudo, o trabalho da FedEx não é decidir quem serão seus clientes, e sim determinar que serviços a empresa deseja oferecer.

A qualidade é definida pelos clientes.

– Portanto, a questão número um – recapitulei – é levar em consideração o que os clientes querem, em vez de oferecer-lhes o que a gente *acha* que eles desejam, certo?

– Na mosca – reconheceu Mike sorrindo. – Porém, é preciso mais do que isso para satisfazer os clientes. Até porque a maioria deles deseja várias coisas ao mesmo tempo. Primeiro, é preciso atender às necessidades mais *básicas*, ou seja, oferecer o mínimo para que o cliente saia sem reclamar. Geralmente, o consumidor nem pede essas coisas fundamentais; ele presume que elas estarão à sua disposição. Quando pensamos em automóveis, por exemplo, a nossa expectativa mínima é que eles dêem a partida todas as vezes e não enguicem no meio da rua. Quando se trata de hotéis, esperamos um quarto limpo, confortável, seguro e que esteja pronto quando chegarmos lá, de acordo com a reserva que fizemos. O mínimo para a Natural Foods, por exemplo, é que a loja esteja bem abastecida com os alimentos que os clientes esperam encontrar, além de limpa, bem organizada e com empregados prestativos. Já na Dairy Cream, vocês têm de oferecer uma variedade de sabores, e o sorvete precisa ter determinada consistência e qualidade, além de ser bem embalado, não é mesmo?

– Com certeza – respondi.

– A segunda necessidade dos clientes está relacionada ao *desempenho*. Quando um consumidor solicita um determinado produto ou serviço, ele espera que a promessa feita pelo fornecedor seja cumprida. Se o comprador de um carro pedir que a concessionária instale um sistema GPS ou um aparelho de DVD, esses equipamentos devem não só estar funcionando, como também fornecer mapas de navegação úteis ou um som sensacional. Um carro com um excelente desempenho precisa ter uma direção macia e precisa, maior aceleração, ser silencioso e ter acessórios luxuosos. Uma loja como a nossa oferece uma variedade de produtos selecionados, artigos de conveniência e serviços. Se não conseguir entregar o que promete, os clientes ficarão desapontados e, no fim, nós os perderemos. Se a qualidade ou a seleção dos nossos alimentos ficarem apenas na média ou se o consumidor achar que a comida que comprou está cheia de aromatizantes artificiais e adoçantes, ele se sentirá logrado e irá embora. E pode não voltar.

Mike tomou outro gole do seu café com leite antes de continuar:

– A terceira necessidade do cliente é o *encantamento*. Por isso, precisamos lhe dar algo mais, que chame sua atenção, lhe dê *prazer* e faça com que nosso produto ou serviço se destaque dentre os demais. Para a nossa rede, que atua no varejo, isso significa ter certeza de que o serviço que oferecemos é tão excepcional quanto os alimentos que vendemos. Temos uma quantidade considerável de empregados prontos para ajudar as pessoas e treinados para explicar tudo o que existe na loja com a maior precisão *e* empolgação. Estamos sempre buscando novas maneiras de transformar todo o tempo que o cliente passa em nossa loja, da entrada até à saída, em uma experiência positiva. Parece simples, mas você ficaria impressionado se soubesse que são pouquíssimas as empresas que se esforçam para oferecer algo parecido. Na Dairy Cream, vocês poderiam lançar um sorvete diet com sabor especial, ou acrescentar à linha de produtos uma sobremesa com sorvete. Sem essas novidades, seu cliente não vai reclamar nem necessariamente ficar desapontado. Mas com elas – desde um cafezinho de cortesia numa loja de conveniência ou fones de ouvido gratuitos durante um vôo até os incríveis recursos de um novo produto como o iPod ou a criação do sistema de comunicação OnStar da General Motors para ajudar motoristas em apuros – você tem condições de aumentar dramaticamente o prazer e o nível de fidelidade do cliente. O que Glen Goodwell descobriu é que as empresas costumam ser melhores em "encantar", com muita agitação e barulho, do que em satisfazer às necessidades "básicas" dos clientes.

> *As empresas costumam ser melhores em "encantar" do que em satisfazer às necessidades "básicas" dos clientes.*

– E qual seria a razão disso? – quis saber.

– Bem, não são apenas os clientes que ficam entusiasmados com a "cereja" do bolo. Funcionários, empresas, todos se empolgam por oferecer aquele extra. É divertido fazer um sucesso retumbante. Todo mundo ama um gol de placa. Não há tanta emoção num lance de bola parada. No entanto, se você não consegue fazer as jogadas rotineiras, de que adianta um golaço ocasional?

– Esse é um ponto interessante – reconheci enquanto bebericava meu café com leite.

– Vou lhe contar um episódio que testemunhei no mês passado. Estava voando para casa depois de uma reunião na nossa sede nacional. Minha poltrona era na classe econômica, duas fileiras atrás da primeira classe. Um homem mais velho, na casa dos 75 anos, estava sentado no corredor, na primeira fila da econômica. Os últimos passageiros acabavam de subir a bordo quando o tal senhor pediu à comissária um copo de água. Ela lhe respondeu: "Desculpe, mas antes da decolagem o serviço de bebidas só está disponível para passageiros da primeira classe."

Não me contive:

– Você está brincando. Um copo de *água*?

– Pois é – continuou Mike. – E tem mais: ao ouvir a resposta da comissária, um jovem sentado do outro lado do corredor perguntou: "Você quer dizer que não pode ir buscar um copo de água para esse senhor?" A comissária disse com firmeza: "Isso mesmo, senhor. O serviço é restrito aos passageiros da primeira classe." Ela não podia fazer nem faria nenhum julgamento por iniciativa própria. Tudo o que ela sabia era repetir a política da empresa. Para encurtar a história: o sujeito mais jovem se levantou, foi até à área da cozinha, onde os comissários de vôo guardam as bebidas, pegou uma pequena garrafa de água, um copo de plástico, um pouco de gelo e um guardanapo e entregou ao senhor, dizendo: "Pronto, aqui está. Espero que esteja do seu agrado." A essa altura, *todo mundo*, literalmente, estava assistindo ao desenrolar da cena. Quando o jovem serviu a água, todos os passageiros da classe econômica bateram palmas.

– Ele fez muito bem! – disse, surpreso ao observar o quanto o incidente me chateara. – O que a comissária fez?

– Sumiu de vista até que o avião decolasse. Então, reapareceu, como se nada tivesse acontecido. Sua fisionomia, porém, traía seus sentimentos. Por dentro ela estava fervendo de raiva. Ficou bem claro que ela não se arrependia de ter se recusado a atender aquele senhor. A mensagem que transmitia era que não ligava a mínima nem para aquele passageiro nem para nós.

Estava irritada por ter sido exposta diante de todos os passageiros. Ela não fazia a menor idéia da primeira regra de qualquer negócio: o cliente vem sempre em primeiro lugar! Não sabia e, provavelmente, nunca vai aprender. Ela é um exemplo perfeito de alguém totalmente surdo quando se trata de escutar as necessidades do cliente. E é isso o que acontece em inúmeras empresas: ninguém dá ouvido aos clientes.

– É um bom exemplo – comentei. – Mas levanta uma questão: o que aconteceria se todos os outros passageiros começassem a pedir água?

– Boa pergunta! Vou lhe dizer como treinamos o pessoal na Natural Foods para lidar com as "exceções". Em primeiro lugar, ajude o cliente no que puder, mas avise-o de que está fazendo algo especial, dizendo qualquer coisa assim: "Normalmente, só os passageiros da primeira classe recebem bebidas antes da decolagem, mas vou abrir uma exceção para *você*." Dessa forma, os outros ficam sabendo que não temos como servir água para todo mundo, e o passageiro em questão vai se sentir lisonjeado por receber uma atenção especial. Naquele vôo ninguém ficaria chateado por não receber um copo de água antes da decolagem. Ao contrário, teríamos ficado emocionados ao ver a comissária ajudar o passageiro mais idoso.

Mike me perguntou, num tom provocativo:

– Quanto você acha que aquele copo de água teria custado à companhia aérea? Agora, quanto ela deve ter perdido por recusar esse copo de água? Quantas pessoas naquele vôo devem ter comentado esse episódio com amigos ou conhecidos, fazendo propaganda negativa? Só eu contei para todo o meu pessoal no último mês! Quantos passageiros vão evitar essa companhia a partir de agora? – Mike questionou. – Fico impressionado com a quantidade de empresas que cuidam do pequeno e se esquecem do grande. Na Natural Foods, nossa política é: "Ajude as pessoas! Ajude os clientes!" Pouco importa se você faz carros ou vende mantimentos, se atende empresas ou o simples consumidor, não se perde um cliente assim, recusando-se a lhe dar algo que ele pediu, sobretudo algo tão singelo e barato quanto um copo de água.

Lembrei-me do papo de vendedor que eu tinha jogado para cima do Mike na semana anterior e compreendi por que não tinha dado certo. Como ele me dissera, eu não estava pensando na Natural Foods. E muito menos nos clientes dela. Eu só tinha levado em consideração as necessidades da minha empresa. É verdade que eu achava que tínhamos um produto competitivo e de boa qualidade. Contudo, de acordo com Mike, a qualidade é definida pelo cliente – no caso da Dairy Cream, devíamos ouvir a Natural Foods ou, mais importante ainda, os consumidores finais: as pessoas que compram e tomam o sorvete. E raramente a nossa empresa se deu ao trabalho de lhes perguntar o que queriam. Nós não os *escutávamos*.

– Sabe, Mike, refletindo sobre tudo isso, me sinto envergonhado pela forma como o abordei na primeira vez.

– Pete, sua abordagem foi igual à de 90% dos fornecedores que me procuram: você agiu como um vendedor. Mas preciso cumprimentá-lo: havia mais paixão em seu discurso do que no da maioria. Não há dúvida de que você realmente acredita no seu produto e no seu pessoal, o que é um excelente começo. Porém, seu foco estava exclusivamente em *você*, quando deveria estar no que eu queria, no que achava que meus clientes iriam querer e em como sua empresa poderia nos ajudar a atendê-los. É uma mudança pequena de perspectiva, mas faz uma grande diferença. Você precisa pôr de lado, por um momento, suas preocupações com atingir as metas de vendas ou aumentar a receita e pensar em cuidar melhor dos seus clientes. As empresas que tomam esse tipo de atitude obtêm um bom retorno financeiro e se sentem recompensadas durante o processo.

Ao sair da reunião com Mike, minha cabeça fervilhava. Percebi que era preciso mudar o foco do nosso trabalho na Dairy Cream. Era necessário saber o que os fregueses achavam do sorvete, da embalagem, do preço, das promoções – tanto as delicatéssens, as lojas de conveniência, as cadeias de supermercados, os revendedores que estocavam nosso sorvete como os consumidores finais, as pessoas que *tomavam* sorvete.

A primeira coisa que fiz foi convocar uma reunião com a equipe de vendas. Em vez de lhes pedir que vendessem mais sorvete – o tipo de discurso que eles esperavam ouvir, com certeza –, falei sobre a importância de *conversarem* com os clientes. Eles precisavam descobrir o que os nossos fregueses achavam que estávamos fazendo direito – e o que estávamos fazendo *errado*. Em comparação com outros fabricantes de sorvete, em que patamar nos encontrávamos em termos de qualidade, preço, promoções e brindes? O que eles achavam que poderíamos fazer para ajudá-los a vender mais? Passamos mais de uma hora revendo uma lista de perguntas que eu havia preparado para orientar os vendedores. Mas eles não deveriam se prender àquelas questões, e sim tentar abrir um canal de comunicação com os clientes, pedindo que eles nos dissessem sempre como poderíamos ajudá-los.

Em seguida, com a relutante aquiescência do dono, Malcolm Jones, contratei uma empresa de marketing para fazer uma pesquisa qualitativa com os consumidores finais, visando coletar informações e descobrir qual a opinião deles sobre o nosso sorvete.

A coisa mais inteligente que fiz, porém, foi pedir a todos os nossos colaboradores que conversassem com seus amigos, vizinhos e parentes, para descobrir o que as pessoas esperavam da Dairy Cream. E uma das idéias que surgiram dessas conversas – que abríssemos uma rede de lojas franqueadas de alto luxo para valorizar nossa marca e nosso sorvete – realmente me empolgou.

CAPÍTULO 4

não precisamos de um gênio

Algumas semanas depois, dei um pulo na Natural Foods para ver o Mike e lhe contar os avanços que tínhamos feito na implementação da primeira parte do CEO. Ele ficou muito satisfeito.

– Parabéns – ele disse com um sorriso. – Tudo indica que você está fazendo a coisa certa. Ao longo dos anos, aprendi que, quando realmente nos empenhamos em escutar os clientes, eles nos orientam sobre o que fazer para satisfazer às suas necessidades e aos seus desejos, tanto os antigos como os novos. Afinal de contas, nenhuma empresa pode ficar seis anos, ou mesmo seis meses, oferecendo as mesmas coisas aos clientes, sem se atualizar.

Apesar da minha pequena vitória, a realidade da Dairy Cream continuava sendo preocupante. Estávamos no início de um longo percurso para atingir a qualidade, e eu sabia que o tempo estava se esgotando.

– Qual é o próximo passo? – perguntei, receoso da resposta.

Mike sorriu novamente.

– Pronto para sua nova lição?

– Prontíssimo!

– Bem, quanto mais profundamente conhecemos os desejos dos clientes, mais variadas devem ser nossas soluções.

– Entendo.

– E isso nos leva à segunda parte do CEO: *enriquecimento*. Escutar os clientes não é suficiente. Temos de lhes dar um retorno positivo, fazendo com que tenham uma experiência enriquecedora enquanto estiverem em contato conosco e que levem uma boa impressão da nossa loja, dos nossos produtos e serviços. E para isso precisamos de idéias diferentes e de colaboradores que gostem de inovar.

– E quantas pessoas inovadoras uma empresa pode bancar? – questionei. – Um Steve Jobs não custa nada barato.

– Com toda a certeza. Mas nós vendemos mantimentos – explicou Mike. – Não precisamos de um gênio. Precisamos de atendentes e estoquistas e chefes de departamento de olhos bem abertos e com os cérebros trabalhando a todo vapor. E é disto que trata o primeiro passo do enriquecimento: entender que todos, *absolutamente todos*, participam do processo. Venha comigo – convidou Mike, se levantando.

Fomos em direção à Central de Atendimento ao Cliente, onde encontramos Jenny – a moça que tinha me levado até Mike na primeira visita – conversando com um freguês. Quando ela ficou livre, Mike lhe perguntou se podia conversar conosco. Antes de se juntar a nós, Jenny foi até os caixas e perguntou se uma das funcionárias podia ficar no seu lugar.

Achei estranho ela ter pedido ajuda a alguém de outra seção e resolvi perguntar:

– Esse tipo de substituição é comum?

– Boa pergunta – comentou Mike. – Jenny, você pode responder?

– Bem, tempos atrás, em uma das reuniões de pessoal, decidimos que todos deveriam aprender uma função secundária na loja, de modo que pudéssemos cobrir mais facilmente um ao outro durante alguns minutos ou até mesmo por um dia ou dois, em caso de falta – ela explicou. – Desse jeito, tudo funciona perfeitamente bem, não importa quem esteja presente. E não nos sentimos presos na mesma função dia após dia. Em conseqüência dessas trocas, também acabamos confiando um pouco mais nos outros, o que nos une como equipe.

– Grande idéia – constatei.

– Foi uma sugestão da Jenny – disse Mike. – A Natural Foods é construída com base em milhares de grandes idéias, sendo que eu sou responsável por cerca de uma dúzia, no máximo. Como você já percebeu, se quiser ter grandes idéias, tudo o que precisa fazer é consultar o seu pessoal! Eles, melhor que ninguém, conhecem o seu trabalho.

– Mike, se me permite, vou chamar a Margot. Ela poderá explicar ao Pete como lidamos com as filas nos caixas – disse Jenny, indo reassumir seu posto.

Minutos depois, a colega do caixa veio conversar conosco.

– Descobrimos por meio de uma pesquisa qualitativa que realizamos semanalmente aqui na loja que uma das coisas mais importantes para os clientes é a comodidade. Isso é tão ou mais importante do que a seleção de produtos, o serviço e o preço. Então resolvemos servi-los melhor, diminuindo o tempo que perdiam nos caixas – explicou Mike.

Grandes empresas são construídas com base em milhares de grandes idéias. E para ter grandes idéias, tudo o que você precisa fazer é consultar o seu pessoal.

– Outra iniciativa fabulosa – comentei. – Não há nada que eu odeie mais que passar horas numa fila.

– Essa idéia foi da Margot – ele disse, enquanto nos apresentava. – Foi ela quem percebeu que o problema estava ficando cada vez mais sério.

A pedido de Mike, Margot contou como ela havia bolado a estratégia para eliminar as filas nos caixas:

– Ano passado, fui pela primeira vez a Las Vegas. Tive um bocado de sorte e ganhei alguns dólares. O mais importante, contudo, foi que aprendi uma grande lição sobre administração. Nos cassinos, você nunca tem de esperar para arriscar a sorte nos caça-níqueis ou para jogar vinte-e-um. Há *sempre* disponibilidade. Se, em dado momento, são necessárias 10 mesas para atender aos jogadores, eles parecem ter 12 crupiês prontos para entrar em cena. Perguntei a um dos supervisores qual era o segredo. Ele explicou: "Por que deveríamos fazê-la esperar para apostar seu dinheiro?" Fez o maior sentido para mim. Você pode amar ou odiar Las Vegas, mas não pode negar que eles são os reis do atendimento ao consumidor.

– Com certeza. Se os cassinos fossem administrados pelo governo, ninguém voltaria lá – concordou Mike.

– Pois bem, assim que voltei ao trabalho, comecei a questionar por que os clientes tinham de *esperar* para comprar, ou seja, para nos dar dinheiro. Nós deveríamos estar *ansiosos* para receber o pagamento o mais rápido possível! Além do mais, a espera não só é motivo de irritação para os consumidores, como também uma baita estupidez da nossa parte. Nossa equipe se esforça ao máximo para atraí-los até à loja e providenciar tudo o que desejam. Por que, então, estávamos colocando todo esse trabalho em risco tão perto da recompensa final?

Margot continuou:

– Foi assim que percebi que, como os cassinos, *sempre* deveríamos ter caixas extras, prontos para entrar em operação. *Nunca* deveríamos fazer os clientes esperarem para nos dar dinheiro. Sugeri isso numa reunião e todos da equipe concordaram. Num primeiro estágio, dobramos o número de caixas e, logo depois, dobramos novamente, chegando ao total de 20! Então alguém deu a idéia de colocar os caixas o mais longe possível da entrada, de modo que quem venha fazer compras não veja pessoas na fila, e sim uma deslumbrante exibição de mercadorias. Resultado: agora os fregueses passam diante de mais produtos até alcançarem os caixas. O valor das mercadorias extras que apanham no caminho suplantou em muito os gastos com as mudanças que implantamos. E, como última medida, contratamos um funcionário para cada um dos 20 caixas, para manter os clientes em movimento.

– Mas, com esse novo sistema, os caixas não ficam ociosos a maior parte do tempo? – perguntei.

– Dê uma olhada para tirar suas próprias conclusões – Margot disse, apontando para os guichês. – Temos oito caixas em seus postos de trabalho (e são duas da tarde, não exatamente um horário de pico para nós), e seis, entre os oito, estão com clientes. Decidimos que sempre teríamos dois além do que precisamos, como nas mesas de vinte-e-um em Las Vegas.

– Mas, se entendi direito, vocês têm 20 caixas em serviço, não? – perguntei. – Onde estão os outros?

Mike e Margot sorriram.

– Venha conosco – convidou Margot.

Em cada corredor que levava a um guichê de pagamento vimos um funcionário de uniforme verde-escuro repondo mercadorias, arrumando mostruários ou conversando com os clientes, mas sempre de olho no seu caixa e no painel luminoso acima dele.

– Quando um dos operadores percebe que há necessidade de abrir mais um caixa, ele aciona a luz verde – explicou Margot. – O funcionário que está naquele corredor sabe, então, que precisa se dirigir ao seu caixa. Isso nos dá flexibilidade, deixa os corredores em perfeita ordem e faz com que o sistema de pagamento e saída da loja funcione a toda a velocidade, liberando os clientes o mais rápido possível.

– E aumenta o senso de responsabilidade das pessoas – acrescentou Mike. – Fica todo mundo vigiando todo mundo, como em qualquer equipe que se preze. Enquanto o funcionário está no caixa, ele precisa observar o fluxo de clientes e providenciar a abertura ou o fechamento de outros caixas de acordo com o movimento. E, quando não está cuidando dos pagamentos, ele colabora de outras maneiras. Se você é o sujeito que cuida do corredor 12, das massas, vai se esforçar para mantê-lo em perfeita ordem. Não vai querer que fique tudo bagunçado justamente no seu turno. O fundamental é que os nossos clientes, ao contrário do que acontece na maioria dos supermercados, não têm de enfrentar enormes filas para pagar. Eles vêm aqui fazer compras. E, quanto menos tempo perderem nos caixas, mais tempo terão para comprar. E mais depressa irão voltar.

– Puxa, não é de se estranhar, então, que a minha esposa adore vir aqui, até mesmo nos horários de pico! – elogiei.

– Fico feliz de ouvir isso. É a nossa meta! – Mike respondeu, entusiasmado. – E isso não é tudo. Margot e seus colegas foram além. Um dos operadores dos caixas teve a idéia de fazer uma fila única, como nos bancos. Assim os consumidores não precisam se preocupar em escolher a que anda mais rápido. O sistema de fila única tem sido muito eficiente, pois cada caixa costuma ter apenas um cliente de cada vez.

– Boa estratégia – comentei.

– Foram os bancos que inventaram isso – Margot disse. – Apenas fomos inteligentes o bastante para aplicar a idéia ao supermercado. Realmente, nos ajudou a atrair os clientes que fazem compras depois do trabalho e que estão sempre com pressa de chegar em casa. Sobretudo a clientela masculina.

– Nós nos orgulhamos de saber aproveitar as melhores idéias de diferentes lugares – disse Mike. – Sempre procuramos soluções criativas para aprimorar o que fazemos, para servir melhor os clientes e fazer com que o tempo que passam na nossa loja seja agradável. Estamos constantemente em busca de novos recursos para fazer as coisas mais rápido, melhor e com mais eficiência, o que, no final das contas, resulta em mais clientes, maior satisfação e lucros crescentes.

MELHORIA ININTERRUPTA

– Olhe – Mike continuou, levando-me de volta para a lanchonete. – O pensamento inovador nos ajuda a fazer tudo da melhor maneira possível. Pense em todas as "regras" que foram quebradas por pessoas que se recusaram a acreditar que "as coisas são assim mesmo e não há o que discutir". Hoje aceitamos com naturalidade a gravidade, a democracia, o avião, o rádio, a televisão...

– As viagens espaciais – acrescentei, entrando no espírito.

– Exato! – Mike disse. – A lista é longa. Mas os autores dessas idéias faziam parte de uma insignificante minoria. É por isso que nos lembramos dos nomes *deles*. Esses personagens entraram para a história, enquanto os milhares de pessoas que disseram que não podia ser feito, simplesmente porque ninguém havia conseguido antes, caíram no esquecimento.

Mike continuou:

– Se quiser ficar na vanguarda, não importa qual a sua área de atuação, você precisa continuar reinventando a roda. A indústria automobilística tem de desenvolver carros mais econômicos, que façam mais quilômetros com um litro de gasolina, com itens de segurança mais confiáveis e sistemas de navegação e entretenimento mais sofisticados. Para se manter à frente dos concorrentes, você precisa pensar dia e noite em aprimorar seu produto ou serviço.

> *Você precisa pensar dia e noite no aprimoramento do seu produto ou serviço.*

Mike me disse que a Natural Foods não tinha medo de se arriscar em busca da qualidade.

– Que gerente, em seu juízo perfeito, contrataria 20 operadores para trabalharem em oito caixas, atendendo apenas seis clientes às duas da tarde? Bem, a história é a seguinte: se você projetar isso direitinho, funciona! E quanto um operador realmente custa para o supermercado, se sua contratação representar um aumento de 1% nas vendas? Não teríamos conseguido criar tudo isso – ele disse, abrindo os braços para abarcar toda a loja – se obrigássemos os clientes a esperar de 10 a 15 minutos para nos dar dinheiro. Nosso sucesso é o resultado de três princípios:

- Primeiro, *o forte desejo de mudar a maneira como fazemos as coisas* sempre que achamos que podemos fazer algo melhor.
- Segundo, *a vontade de pensar diferente e fugir aos padrões preestabelecidos* para propor a melhor solução possível.
- Terceiro, *a necessidade de sempre fazer melhor*, o que significa estar atento aos mínimos detalhes.

– Mas de onde você tira todas essas idéias? – perguntei.

– Não sou tão inteligente quanto pareço! – Mike confessou rindo. – Pergunto aos clientes. Ou pergunto aos meus colaboradores e *eles* perguntam aos clientes! Fazemos reuniões em que todos apresentam suas sugestões. É a parte mais divertida. Se quiser propor conceitos inovadores para agradar o consumidor, terá de pensar com criatividade e trabalhar com criatividade, além de tomar emprestadas, descaradamente, idéias de outras empresas e culturas. Simplesmente nos sentamos ao redor de uma mesa, escolhemos um problema e tentamos propor o maior número possível de soluções. Se quiser que a criatividade continue fluindo, não pode criticar as pessoas por terem apresentado uma idéia que não funciona.

– Mesmo se *forem* idéias bobas? – perguntei.

– Se quiser realmente receber contribuições, precisa acreditar que não *existe* idéia boba! Deixe as sugestões continuarem aflorando. Você está em busca daquelas poucas idéias que funcionam, e a chave para descobri-las é criar o tipo de ambiente que não *penaliza* a criatividade, mas a *recompensa*. E, mais importante que tudo, você precisa pensar além da situação em que se encontra atualmente – continuou Mike. – Só porque sempre fizemos algo de um determinado modo, não significa que teremos de continuar agindo assim. Há algumas décadas, George Bernard Shaw cunhou uma frase que considero genial: "Algumas pessoas vêem as coisas como são e perguntam: 'Por quê?' Sonho com coisas que nunca existiram e pergunto: 'Por que não?'" É essa a atitude que procuro estimular. Quero que *todos* os colaboradores pensem desse jeito.

Crie um ambiente que recompense a criatividade.

A HORA DA VIRADA

– Mas tempo também é dinheiro – lembrei. – Com todas essas reuniões, não há o risco de se ficar buscando o impossível? De perder o foco?

– Sim, sempre pode haver esses riscos, se não mantivermos o foco em projetos específicos e bem detalhados que, com certeza, levaremos adiante – admitiu Mike. – Decidimos quais projetos realmente interessam, estabelecemos o mínimo de etapas possível para colocá-los em prática e quem vai fazer o quê e quando. Sem metas, sem prazos, sem liderança, não há foco nem urgência nem responsabilidade. Mas, seguindo esse modelo, as coisas *acontecem*, não tenha dúvida!

– Mas você é varejista, não uma fábrica – respondi. – Melhorar processos industriais não é assim tão simples.

– Pete, os princípios são os mesmos. Sabe, somos fabricantes também. Temos fornos para assar pães, bolos e outros produtos e uma cozinha onde preparamos a maioria das refeições prontas que comercializamos. Nosso trabalho não é só vender. E se os produtos de fabricação própria não tiverem um elevado padrão de qualidade, ficaremos sabendo. Para produzirmos pães e bolos mais gostosos, nutritivos e fresquinhos, seguimos os mesmos princípios: o desejo de mudar, a vontade de pensar diferente e a necessidade de sempre fazer melhor. Os funcionários da padaria têm autoridade para interromper a linha de produção a qualquer momento, se notarem que está faltando algum ingrediente ou se acharem que a textura ou a consistência da massa não estão corretas. Estamos o tempo todo procurando melhorar a qualidade dos ingredientes, a limpeza das instalações e a eficiência no preparo da massa e na produção das fornadas. Faz parte da rotina do setor verificar a precisão da temperatura dos fornos, por exemplo, e cuidar da manutenção dos equipamentos para diminuir o risco de paralisação da produção. Do mesmo modo que na loja, estamos constantemente procurando novas idéias para aperfeiçoar tudo o que fazemos.

Depois desse encontro com Mike, cheguei à fábrica da Dairy Cream cheio de energia. Mike tinha encerrado a conversa com algumas palavras que não me saíam da cabeça: "Para conseguir que a qualidade faça parte de tudo o que você faz, não bastam boas intenções e um slogan inteligente. Qualidade não é um valor indefinido que você alcança simplesmente motivando seus colaboradores. Primeiro, é preciso perguntar a eles o que está e o que não está funcionando – e isso você já está fazendo. O próximo passo é dar aos membros da sua equipe as ferramentas e o incentivo necessários para que possam ser bem-sucedidos em sua missão."

Resolvi ligar para Malcolm Jones e pedir dinheiro para colocar em prática algumas das sugestões que os funcionários haviam dado na semana anterior. Era a última coisa que ele queria ouvir. Expliquei-lhe que o dinheiro era fundamental para atender ao pedido dele: aumentar as vendas e os lucros.

– Delvecchio, essa não! Está de brincadeira? Quero resultados! E rápido, se quiser manter seu emprego.

Pensei nas crianças, nas parcelas do financiamento da casa e senti um aperto na boca do estômago. Mas sabia que estava no caminho certo e que precisava fazer aquilo. Disse que era apenas dinheiro para comprar tinta, luminárias e lâmpadas, alguns equipamentos básicos e meia dúzia de pizzas para alimentar quem viesse ajudar nos serviços. Malcolm não queria aceitar de jeito nenhum, até que lhe prometi que as pessoas fariam esse trabalho sem cobrar horas extras. Finalmente, ele concordou em pagar alguns milhares de dólares – pouco para um negócio do nosso tamanho, mas um investimento recorde para um dono com fama de sovina.

– Agora, trate de apresentar logo resultados ou então...

Ao desligar, percebi que esse tinha sido apenas o primeiro de dois "papos" de vendedor que eu precisava levar. O segundo seria, com toda a certeza, muito mais difícil. Pedir um pequeno investimento para reequipar a fábrica era uma coisa; pedir algumas horas do tempo dos funcionários era uma história completamente diferente.

Convoquei reuniões com os dois turnos, uma em seguida à outra. Julie trouxe a lista de idéias da semana anterior e leu-a em voz alta. Assim que ela terminou, o gaiato do Kevin deu mais algumas sugestões: "instalar uma piscina e uma sauna" e "construir um campo de golfe de nove buracos". A brincadeira provocou gargalhadas e serviu para atestar que a maioria duvidava que algo de bom fosse sair das nossas reuniões.

Fui direto ao ponto:

– A lista é de vocês: pintar a fábrica, melhorar a iluminação ao longo da linha de produção, comprar mais equipamentos de segurança e um misturador de melhor qualidade, redecorar o refeitório. Boas idéias.

– Mas... – disse Kevin em tom desafiante, arrancando mais risos.

– Mas o quê? Nada! Mãos à obra! O Sr. Jones autorizou as melhorias.

Consegui a atenção de todos.

– Só há um problema.

– O dinheiro vai sair dos nossos salários? – Kevin indagou, provocando gargalhadas.

– Não, de jeito nenhum – garanti. – Ele até aceitou pagar um pouco mais por tintas e equipamentos de primeira. Mas não vai bancar a mão-de-obra. Então, se estiverem dispostos a trabalhar das nove da manhã às três da tarde, neste sábado, para melhorar o local em que trabalham, vamos conseguir. E o Sr. Jones vai pagar umas quentinhas da Natural Foods.

Ouvi alguns "tá, tá bom" resmungados e muita reclamação, até que lancei mão do meu poder de persuasão:

– Pessoal, passamos no mínimo oito horas por dia aqui. E nenhum de nós gosta da aparência externa da fábrica nem do ambiente interno. Em troca de algumas horas, poderemos fazer com que as duas mil horas que passamos aqui todos os anos se tornem bem mais seguras, eficientes e agradáveis.

Houve algumas reações positivas ao meu argumento. No entanto, como precisava do apoio de todo mundo, insisti:

– Quando foi a última vez que o Sr. Jones investiu um centavo sequer neste lugar? – Era o tipo de comentário que poderia acarretar minha demissão, mas, como o risco de ser demitido já existia, continuei: – Bem, ele nos deu o dinheiro necessário para colocar em prática as sugestões de *vocês*. Ele está levando em consideração o que *vocês* estão dizendo. E eu também. Se não implementarmos essas idéias, o que isso dirá sobre nós? Que não estamos nem aí? Por outro lado, se agirmos, a atitude dele pode mudar em resposta à nossa. Não podemos deixar essa oportunidade escapar. E então, pessoal, combinado?

Metade do grupo levantou as mãos. O restante aderiu logo em seguida – até mesmo o Kevin. Sorri aliviado.

– Muito bem. Vamos ver quem vai fazer o quê. Quem quer participar da equipe de pintura?

Analisamos cada projeto e designamos os responsáveis por cada tarefa, desde comprar luminárias e equipamentos até preparar as áreas que seriam reformadas.

No final da primeira reunião fiquei agradavelmente surpreso ao ouvir um comentário de Sheila, uma funcionária extremamente tímida:

– Se conseguirmos dar uma boa melhorada, poderemos convidar clientes e escolas para uma visita. Eles terão a oportunidade de ver como os sorvetes são preparados e, no final, poderão prová-los.

– É um jeito inteligente de promover a empresa e gerar alguma simpatia na comunidade – Kevin comentou num tom sério.

Mike tinha razão. Às vezes, grandes idéias surgem na esteira de outras, sejam elas muito boas ou nem tanto.

– Mas isso é muito bom! – reagi com entusiasmo. – É um excelente primeiro passo. Com a participação de vocês e as sugestões dos próprios clientes, vamos fazer com que nosso sorvete seja o melhor de todos os que existem por aí.

Já havia decidido encomendar uma pesquisa qualitativa para levantar de que maneira o sorvete da Dairy Cream agradava, ou desagradava, tanto os clientes do varejo quanto os consumidores finais. O objetivo era descobrir o que poderíamos fazer para aprimorar ainda mais nosso produto. Porém, preferi divulgar essa idéia em outra ocasião. O importante agora era o engajamento dos clientes internos.

Terminamos a reunião bastante empolgados. Um estado de espírito que eu não imaginava que estivesse ao nosso alcance.

CAPÍTULO 5

tudo pela perfeição

Duas semanas depois, mesmo sem ter agendado um encontro, fui à Natural Foods, certo de que Mike arranjaria um tempinho para me receber. Estava ansioso para lhe contar as boas-novas, ainda sob o efeito do grande evento de sábado – a reforma realizada pelos empregados – que Sheila chamou de o "Primeiro Passo". Tinha comprado camisetas para todos, nas quais mandei imprimir o slogan sugerido por Sheila, e a primeira coisa que fiz naquela manhã de sábado foi distribuí-las para que as usássemos e déssemos vida ao espírito de equipe. Alguns trouxeram aparelhos de som que ligaram a todo o volume, crianças corriam que nem doidas de um lado para outro tentando ajudar e um milhão de volts de energia positiva estava sendo direcionada para a nossa fábrica de sorvete – e para cada um dos colegas.

Uma equipe lavou a fachada do prédio e pintou-a de branco brilhante. Um dos colaboradores com dotes artísticos pintou um painel mostrando um arco-íris que nascia de nuvens rechonchudas e acabava em um grande pote de sorvete. Fiquei impressionado com os talentos ocultos do nosso pessoal. Outro grupo limpou o interior da fábrica e pintou-o de gelo, o que ajudou a clarear o ambiente. E esse efeito foi aumentado 10 vezes quando instalamos lâmpadas mais fortes sobre toda a linha de produção.

Desempacotamos alguns equipamentos de segurança e substituímos várias máquinas antigas por outras novinhas em folha. A atração especial foi o refeitório. Simplesmente limpar as janelas sujas que davam para o estacionamento fez uma enorme diferença. A equipe do refeitório pintou as paredes de um bege elegante, pendurou pinturas e gravuras com cenas de natureza nas paredes e revestiu o piso com carpete marrom. Kevin, o piadista, havia trabalhado para uma empresa de instalação de carpetes no começo da carreira e se orgulhava dessa sua habilidade. Compramos cadeiras e mesas bonitas e baratas para completar a reforma.

Como todos compareceram e trabalharam com o maior entusiasmo, no começo da tarde já havíamos dado conta da maioria das tarefas a que tínhamos nos proposto e, então, nos sentamos para almoçar as refeições prontas, cortesia da Natural Foods. Nunca tinha visto os funcionários tão satisfeitos. Agora parecíamos uma equipe, em vez de um bando de pessoas cujo único ponto em comum era trabalharem para a Dairy Cream.

Que eu me recorde, era a primeira vez que via aqueles homens e mulheres irem embora da Dairy Cream com certa relutância. E lá estavam eles de volta na segunda-feira, totalmente revigorados. O nível de energia era tão alto que todo mundo parecia ter sido tomado por uma onda de entusiasmo. A produtividade – notei – estava no máximo. E o mais importante era o otimismo dos colaboradores e o alto-astral na fábrica e nos escritórios. Por volta das duas horas, vi quando o pessoal do segundo turno se reuniu no refeitório novo. Entrei lá e convoquei uma reunião improvisada para discutir novas melhorias. Dessa vez me concentrei nos problemas da produção e no padrão de qualidade dos produtos, na excelência dos ingredientes que compramos e nas técnicas para melhorar a textura e o sabor dos sorvetes. Planejava ter uma conversa semelhante com o pessoal do marketing e do setor de embalagens. Um dos funcionários mais antigos, John C., sugeriu que instalássemos um outdoor na fachada da fábrica exibindo orgulhosamente a marca e os produtos da Dairy Cream. Seria uma importante demonstração do nosso recém-descoberto orgulho. Quando estávamos quase encerrando a reunião, avisei a todos que convidaria o Sr. Jones para lhe mostrar o que havíamos feito com o dinheiro dele – e também para tentar arrancar um pouco mais.

– Tenham confiança! – disse. – Vai dar tudo certo.

Dessa vez não ouvi nenhuma risada.

EM BUSCA DA PERFEIÇÃO

Quando cheguei à Natural Foods, Mike percebeu pela expressão no meu rosto que as coisas estavam melhorando na Dairy Cream. Ao ouvir as novidades, ele sorriu.

– Muito bem! – entusiasmou-se. – Muito bem!

Um elogio do Mike, por menor que fosse, significava muito para mim.

– Você aprendeu muito e conseguiu melhorar a situação na fábrica com rapidez. Isso demonstra seu grau de comprometimento, e o de toda a equipe, com as mudanças na Dairy Cream. Acho que vocês estão preparados para o próximo passo.

Era tudo o que eu queria ouvir.

– Esse último passo é o mais importante de todos e, com certeza, o mais difícil – disse Mike.

Nas últimas semanas vínhamos conversando bastante, mas ele nunca tinha adotado esse tom sério. Não há dúvida de que acreditava piamente no que iria me dizer.

– O próximo passo é *otimizar* o que está fazendo – salientou. – Não só melhorar, mas *otimizar*. Como fazer isso? Esforçando-se para alcançar a perfeição.

– Alcançar a perfeição?

– Isso mesmo. Não basta simplesmente "fazer o melhor". Para a Natural Foods, perfeição é uma meta *real* e viável, algo que dividimos em partes e tentamos realizar, pedaço por pedaço. Para se atingir a perfeição, é necessário fazer várias coisas:

- Primeiro, *reconhecer o preço do fracasso.* Se você falhar, seu negócio, ou departamento, pode fechar. Esse tipo de responsabilidade não é para pessoas fracas.
- Segundo, *fazer certo logo da primeira vez.* Isso significa *planejar* para alcançar a perfeição desde o começo, em vez de buscar o "suficientemente bom" e depois ter de consertar as coisas no meio do caminho. Em outras palavras, prevenir incêndios, e não combatê-los.

- Terceiro, *ser absolutamente obcecado por detalhes.*
- Quarto, *desenvolver a percepção daquilo que chamo de "paranóia produtiva".* Tomei a idéia emprestada da frase favorita de Andy Grove, o lendário presidente da Intel: "Somente os paranóicos sobrevivem." Ou seja, você precisa estar o tempo todo preocupado com o que pode fazer para melhorar, seja a respeito da concorrência, das oportunidades que está perdendo ou da próxima inovação. Pessoas e empresas satisfeitas com suas realizações acabam fracassando.
- E quinto, *incutir em todos da equipe a paixão pela perfeição, sempre.* Você precisa fazer com que essa paixão não seja uma tarefa, mas uma missão. E tem de ser muito honesto não só sobre como você está se saindo, mas também sobre o que precisa fazer para ser o melhor.

– Mas como eu faço tudo isso? – perguntei, preocupado.

Não basta simplesmente "dar o melhor de si". Você precisa se esforçar para alcançar a perfeição.

– Se for levar a sério a fase *otimizar*, terá de ver a situação exatamente como ela é. Pete, você se lembra do que eu lhe falei no primeiro dia que veio aqui? Sobre como muitas empresas sofrem de uma doença terrível que faz com que *alcancem* a excelência mas não tenham capacidade para *mantê-la*? Acho que houve uma melhora no que diz respeito a escutar os clientes internos e externos. Entretanto, alcançar a excelência por meio do enriquecimento e do aprimoramento constantes de produtos e serviços e, sobretudo, pela otimização de tudo o que fazemos nunca foi considerado prioridade, muito menos uma missão. Temos um ponto fraco que nos impede não só de observar o que é necessário para manter a máquina corporativa zumbindo a todo vapor como também de fazer com que isso aconteça todos os dias.

– Mas isso não é inerente à natureza humana? – perguntei. – O que quero dizer é que atacar o castelo é muito mais excitante que mantê-lo e defendê-lo. É muito mais divertido chegar ao topo do que trabalhar em infinitas melhorias e ajustes para se manter lá em cima.

– Claro que é – concordou Mike. – Assim como também é da natureza humana querer dormir no horário do expediente; falar quando se tem vontade, sem se preocupar em interromper os outros; e ficar impaciente diante de um sinal vermelho. Mas, para se criar uma sociedade bem-sucedida, temos de aprender a controlar a natureza humana. O mesmo é válido no meio empresarial. Se por um lado é empolgante *construir* algo novo, por outro não conseguiremos *sustentar* o nível de excelência a menos que encontremos energia, competência e motivação para manter a excelência, ou a qualidade, em tudo o que fazemos.

– Então, como podemos otimizar o que fazemos na Dairy Cream?

– Como já disse, o primeiro passo é reconhecer o preço do fracasso. Quando você se dá conta de como é doloroso e dispendioso ficar aquém da perfeição, ganha mais disposição para fazer tudo para evitar o fracasso.

Mike disse que o exemplo do ônibus espacial *Challenger* me ajudaria a entender melhor aquele passo.

– O governo americano destinou dois bilhões de dólares e incontáveis horas de trabalho dos melhores e mais brilhantes especialistas para construir o ônibus espacial. No entanto, perdemos tudo isso, inclusive as vidas de sete astronautas, por causa de um anel de vedação defeituoso de 900 dólares. Quando os engenheiros alertaram sobre a possibilidade de falhas no ônibus espacial, todos os ignoraram, e suas inquietações foram varridas para debaixo do tapete por conta de preocupações com o custo. No final, a investigação da tragédia do *Challenger* custou 500 milhões de dólares aos cofres públicos, o bastante para comprar mais de meio milhão de anéis de vedação!

Sem esconder sua indignação, ele continuou a explicação:

– As pessoas costumam recomendar: "Não se preocupe com as pequenas coisas." Esse pode ser um bom conselho quando se trata de não supervalorizar as chateações corriqueiras da vida, mas é uma péssima política para a administração de empresas. Quando se está operando um ônibus espacial, os mínimos detalhes *são* importantíssimos! O mesmo princípio se aplica ao mundo dos negócios. Cuidar das pequenas coisas pode não ser uma questão de vida ou morte para nós; contudo, na maioria das vezes, pode representar a diferença entre vender nossos produtos ou dar margem para que os concorrentes tomem nosso lugar no mercado.

Mike estava coberto de razão. Lembrei-me do que o ex-prefeito de Nova York, Rudy Giuliani, tinha dito sobre a política de tolerância zero adotada para combater o crime nas ruas da cidade no começo dos anos 1990. Giuliani começou botando na cadeia aqueles sujeitos que correm para "limpar" o pára-brisa dos carros parados nos sinais de trânsito na expectativa de ganhar uma gorjeta. Ele e o chefe do departamento de polícia de Nova York concordaram que permitir esse abuso passava uma mensagem negativa sobre a cidade: sugeria que as autoridades estariam dispostas a tolerar pequenas infrações, o que acabava dando margem para que infrações mais sérias e mesmo crimes florescessem. À medida que a cidade e a polícia passaram a se preocupar com as pequenas contravenções e a coibi-las, toda a gama de crimes, desde tráfico de drogas até homicídios, começou a diminuir.

De repente me veio à cabeça outro exemplo perfeito:

– Você se lembra de quando a Coca-Cola gastou milhões em propaganda para lançar uma nova água engarrafada na Europa? Tudo foi literalmente por água abaixo quando os cientistas europeus descobriram que a água continha uma impureza fácil de ser detectada e removida. Mas o rótulo da garrafa era espetacular! – ironizei.

Caímos na gargalhada.

– Pete, você acertou em cheio. Não há exemplo mais adequado. O espetáculo para o público foi sensacional, mas erraram feio no produto. A água tinha de ser limpa, saudável e *pura*. Era por isso que as pessoas se dispunham a pagar alguns euros por algo que conseguiriam de graça da torneira. O preço do fracasso, meu amigo, por menor que seja, pode ser muito alto realmente.

– Essas idéias se aplicam a todo tipo de negócio – Mike continuou. – Um amigo meu, Larry, tem uma concessionária de veículos aqui na cidade e comentou comigo as medidas que vinham adotando para impressionar os clientes: buscavam o carro e depois o levavam de volta, reformaram a sala de espera para torná-la mais confortável, entre outras coisas. Todas essas melhorias aumentaram os negócios num primeiro momento. Porém, passados alguns meses, a procura pelos serviços da concessionária começou a cair. Larry não entendia por quê. Resolveu, então, convidar 10 ex-clientes para participarem de um grupo de discussão. Do questionário constavam perguntas sobre a impressão que tiveram da concessionária, desde a iluminação até os uniformes dos funcionários e os demais melhoramentos realizados a duras penas. Todas as respostas foram positivas. Larry estava perplexo. Finalmente, ele perguntou: "Então, qual é o problema?" Uma mulher de meia-idade que tinha sido bem simpática durante toda a entrevista olhou para Larry e disse: "Sr. Brown, sua concessionária é muito limpa e seu pessoal, extremamente educado. Adorei vocês terem ido me buscar em casa e me dado carona na volta, assim como apreciei os biscoitos e o café na sala de espera. Mas, Sr. Brown, vocês têm de consertar a droga do meu carro! Eu já vim aqui três vezes com a esperança de acabar com aquele ruído no motor, mas ele ainda está lá, azucrinando minha cabeça. Tudo o que consegui até agora foi uma conta de 450 dólares."

Mike e eu quase rolamos de tanto rir.

– E então o que Larry fez? – perguntei.

– Fez com que seu pessoal se esforçasse mais para consertar os carros na primeira vez em que dessem entrada na concessionária. Investiu em mais treinamento, sistemas melhores, novas técnicas de contratação e passou a exigir mais responsabilidade da equipe de mecânicos. Introduziu um plano de recompensas e penalidades em função da qualidade do serviço. Larry descobriu que a causa principal do serviço malfeito era a pressa, especialmente de manhã, quando havia de 15 a 20 carros enfileirados para conserto, muitos que não haviam sido agendados. Tentaram acabar com essa concentração no período da manhã agendando veículos de hora em hora ao longo do dia e levando os clientes de volta para casa ou o escritório. Com isso, os atendentes passaram a ter mais tempo para fazer perguntas e anotar as solicitações dos clientes, pois assim não se esqueceriam de informar os detalhes à oficina. Constataram que esses cinco minutos a mais com o cliente poupavam horas de "retrabalho". A questão é a seguinte: não adianta nada oferecer biscoitos deliciosos na sala de espera se a oficina não consegue consertar seu carro de primeira. A prioridade é atender às necessidades básicas dos clientes!

– Entendo perfeitamente o que você quer dizer – comentei. – A maquiagem que fizemos na Dairy Cream, assim como qualquer outra melhoria ou benefício que chame a atenção do consumidor, é importante, mas não à custa da qualidade do sorvete ou do serviço prestado aos clientes.

– Na mosca! – exclamou. – A *única* saída é fazer com que a perfeição seja parte da missão de sua empresa. Gastar tempo e dinheiro tendo que recolher o produto ou reembolsar o consumidor por causa de problemas no sorvete ou na embalagem é um desperdício. E os clientes vão embora mesmo. Se, desde o início, você investir mais tempo e dinheiro para fazer o sorvete bem-feito, vai acabar economizando no longo prazo. Às vezes, a qualidade é invisível. Se seus produtos e serviços não têm defeito, as pessoas raramente comentam sobre eles. No entanto, a má qualidade traz prejuízos palpáveis em termos financeiros e de imagem, o que, em última instância, pode colocar em risco o sucesso do seu negócio.

– Então o que devo fazer?

A má qualidade traz prejuízos palpáveis em termos financeiros e de imagem, o que, em última instância, pode colocar em risco o sucesso do seu negócio.

– Você pode começar dando menos ênfase à figura dos "bombeiros", os funcionários que diariamente solucionam problemas ou apagam "incêndios" nas empresas, e mais às "brigadas antiincêndio", que previnem esses acontecimentos.

Na Natural Foods, um brigadista é qualquer um que consegue detectar um problema em potencial e evitá-lo.

– Você quer dizer *qualquer pessoa*?

– Lógico. Qualquer prédio que fique esperando pelos bombeiros para apagar um foco de incêndio, com certeza, vai pegar fogo. Acontece o mesmo com as empresas. Quando qualquer pessoa, de qualquer departamento, tem uma idéia para melhorar um processo ou um produto, ela não só é estimulada como também solicitada a expor o que pensa. E será *recompensada*, quer a sugestão seja relacionada ao seu trabalho quer não. Se quiser montar um negócio à prova de fogo, você terá de pôr de lado questões como departamentos e territórios. A verdade é que, se quiser ficar livre dos grandes problemas, terá de se livrar primeiro dos pequenos.

– Como assim?

– Ao lidar com uma grande empresa ou organização, você diminuirá significativamente o risco de grandes problemas criarem raízes se eliminar os pequenos primeiro.

– Olhe ao seu redor – sugeriu Mike, apontando para os reluzentes corredores da Natural Foods. – O que vê no chão? Nada. Nunca! Sempre que algo cai, nós apanhamos e, se necessário, limpamos o local imediatamente. Chão sujo é sinal de falta de capricho. E esse tipo de descuido se espalha depressa. Todos os jalecos estão limpíssimos. Nós os lavamos após cada turno e os substituímos por novos sempre que necessário. Todos os amarram nas costas, na altura da cintura. A etiqueta com o nome de cada colaborador é presa no lado direito superior do jaleco, de forma que o cliente possa ler a identificação quando o cumprimentamos. Podem parecer detalhes bobos, mas esse tipo de cuidado com as pequenas coisas só vem a somar, qualquer que seja o ramo de negócio em que se atue. E assim você deixa uma boa impressão. Tudo isso afeta, inclusive, a forma como os próprios funcionários se vêem.

Mike citou algo que lera a respeito de Vince Lombardi, um dos maiores técnicos do futebol americano, que levou o Green Bay Packers ao bicampeonato do Super Bowl nos anos 1960.

– O time dele era sempre o mais bem vestido da liga nas viagens. Todos de terno e gravata. Ora, ninguém pode afirmar que usar terno e gravata num avião no sábado vá garantir a vitória numa partida de futebol americano no domingo. Mas Lombardi estava convencido de que o hábito de se vestir e se comportar como o time mais classudo da liga, com os padrões mais elevados dentro e fora de campo, iria, aos poucos, fazer com que sua equipe assimilasse que era diferente, especial. E era essa atitude que o Green Bay Packers levava para o campo aos domingos.

Refleti sobre as alterações que tínhamos feito na Dairy Cream e o bem que fizeram para todo mundo.

– Agora, chegamos a um ponto crucial – continuou Mike. – Prestamos atenção aos detalhes, porque é isso que os clientes fazem. Eles reparam se alguém está desarrumado, se há um saco de batatas fritas arrebentado no chão ou se uma lâmpada está piscando. Todas essas coisas transmitem a mensagem de que a empresa não liga a mínima, de que ninguém está dando a menor bola para nada. E isso provoca uma reação negativa dos clientes, quer eles digam isso ou não. É o que observamos pelo comportamento dos clientes – acrescentou. – Quando os fregueses vêem o pessoal da limpeza em ação, procuram não aumentar nosso trabalho, colocando as mercadorias no lugar e pegando o que caiu no chão. É da natureza humana: as pessoas querem que lojas arrumadas permaneçam arrumadas.

Preste atenção aos detalhes – seus clientes estão de olho em tudo.

– Nossos preços são um pouco mais elevados que os da maioria, mas ao entrar aqui a pessoa se dá conta de que esta é uma loja diferente, um lugar especial onde a qualidade está na ordem do dia. Acredito que nossos clientes saibam que vão pagar um pouco mais. Temos um jeito todo Natural Foods de fazer as coisas em que a qualidade e a obsessão por detalhes são o denominador comum. Os clientes o reconhecem, os colaboradores se orgulham dele e os concorrentes morrem de inveja. A partir do momento em que você cria esse tipo de identidade, tem de se esforçar muito para mantê-la.

PARANÓIA PRODUTIVA

– Você poderia falar um pouco mais sobre o próximo passo, a paranóia produtiva?

– Chegamos à conclusão de que ajuda bastante estarmos o tempo todo de olhos bem abertos e por dentro do que os concorrentes e mesmo as empresas de outros segmentos estão fazendo. Além disso, pensamos sempre no que *mais* poderíamos fazer pelos clientes. Um pouco de paranóia pode ser um tremendo motivador. A pior coisa que você pode fazer é se deixar levar pela vaidade. Vamos supor que sua empresa seja líder no seu ramo de atividade e, ciente disso, você pare de se preocupar com a concorrência e resolva simplesmente ir tocando seu negócio, sem fazer muito esforço para inovar ou melhorar. Fatalmente sua liderança será desbancada. Você tem de ser honesto em relação ao seu desempenho. É fácil convencer a si mesmo de que está fazendo seu trabalho bem, simplesmente ignorando as notícias ruins ou os sinais de advertência que o ajudariam a se reaprumar. Só que isso não vai ajudar a resolver problema algum. Além do mais, ao se enganar, você não estará enganando os concorrentes, muito menos os clientes.

Mike olhou nos meus olhos antes de prosseguir:

– Pete, na primeira vez que você veio aqui, estava convencido de que tinha um excelente produto e que estava fazendo um ótimo trabalho. Quando lhe perguntei como a Dairy Cream se saía em comparação com os concorrentes em diversos aspectos, você não soube responder. Em vez de avaliar seu trabalho, simplesmente concluiu que estava bom e ponto final. O problema é que você não estava sendo paranóico *o bastante* sobre a sua performance e, importantíssimo, sobre a atuação da concorrência.

– Tem razão – tive de concordar. – E se não avaliarmos com freqüência o nosso trabalho, não saberemos como melhorar.

– Exatamente!

– Faz todo o sentido. Paranóia produtiva, não é? Acho que poderíamos usar um pouco mais dessa receita.

Mike sorriu.

– Ainda precisa de ajuda para se apaixonar pela perfeição? – perguntou. – Como você viu, é essa paixão que faz o coração da Natural Foods bater mais forte.

– Agora percebo claramente o poder dessa paixão – respondi. – Aliás, posso ver que todo mundo na sua loja trabalha para alcançá-la. A Dairy Cream ainda está longe desse estágio. Mas posso ver como é vital e acho que tenho algumas idéias sobre como começar a transformar a paixão pela perfeição na nossa missão também.

FRENTE A FRENTE COM O CONSUMIDOR

Quando cheguei à Dairy Cream, estava quase na hora do primeiro grupo de discussão com clientes que tínhamos programado. A empresa de marketing que havíamos contratado agendara três reuniões com grupos diferentes ao longo de várias semanas.

Alguns funcionários achavam que não era a hora de fazer esse tipo de pesquisa, porque ainda estávamos implantando mudanças no processo de fabricação.

– Pode ser que sim, pode ser que não. Mas talvez essas mudanças levem semanas, ou meses, e durante todo esse tempo teremos de adivinhar o que os clientes querem. Por que não trazê-los agora e descobrir a opinião deles?

Lembrei-me de algo que Mike tinha frisado bastante: "*A qualidade é definida pelo cliente, não por nós.*"

No início, fiquei tentado a convidar apenas os chefes de departamento para participarem do grupo de discussão. Depois de refletir sobre tudo o que já havia conversado com Mike, concluí que qualidade é para todo mundo. Se eu permitisse que todos escutassem, da boca dos clientes, os prós e os contras dos nossos produtos, isso seria muito mais eficaz do que se ouvissem de fonte indireta.

Num depósito ao lado da sala de reuniões instalamos uma máquina fotográfica e um monitor de vídeo. Era ali que alguns dos colaboradores, escondidos atrás de um vidro espelhado, esperavam ansiosamente pela avaliação que os clientes fariam do nosso sorvete. Como toda a nossa equipe não cabia naquele lugar, eles tiraram no palitinho quem teria chance de assistir àquele primeiro grupo ao lado dos gerentes de linha e dos chefes de departamento. Fiz um sinal para a coordenadora da pesquisa, e ela trouxe 15 clientes pré-selecionados para a sala de reuniões. Uma fileira de potes de sorvete de uma dúzia de sabores diferentes estava sobre a mesa. Ela os convidou a provarem os que desejassem.

À medida que experimentavam, ouvi vários "hum" e "ah". Depois de algum tempo, eles estavam prontos para dar sua opinião.

– Muito melhor do que eu lembrava – comentou uma mulher. Era um bom sinal, considerando que ainda não tínhamos alterado significativamente o produto.

– Não havia percebido que a Dairy Cream oferecia tantos sabores – disse outro cliente. – Conheço outras marcas que fazem sorvete de brownie, mas não sabia que a Dairy Cream também fazia.

Estremeci ao ouvir aquele comentário. Afinal, nós tínhamos inventado aquele sabor.

– Alguém tem mais alguma coisa a dizer? – perguntou a coordenadora. – Gostaríamos de saber do que vocês mais gostaram e do que não gostaram.

Essa parecia ser a deixa que muitos esperavam.

– Bem... – disse um senhor mais velho e corpulento –, gosto muito do sorvete da Dairy Cream. Vocês têm vários sabores deliciosos. Outro dia comprei um pote de cheesecake de morango que adorei. Estava cheio de pedaços de fruta. Só que depois comprei outros potes e praticamente não havia morango.

– Aconteceu comigo também – interrompeu um outro –, só que com o sabor cookies-n-cream. Um pote vinha cheio de pedacinhos de biscoito e o outro era basicamente só de sorvete de creme.

– Comprei um sorvete de chocolate que era cremoso e macio, mas experimentei um de baunilha que tinha uma textura esquisita – completou uma moça.

– E o que está acontecendo com o setor de embalagem? Este pote aqui tem montes de sorvete do *lado de fora!*

Lancei um olhar na direção do engenheiro responsável pela qualidade, tentando disfarçar a preocupação. Contudo, nós dois sabíamos que tínhamos problemas.

Várias outras reclamações vieram à tona, mas também muitos elogios. Pelo menos as notícias não eram de todo ruins. No cômputo geral, todos gostaram muito do nosso sorvete.

– Muito bem – interveio a coordenadora. – Agradecemos

muito a cooperação e a sinceridade de vocês. Gostariam de acrescentar mais alguma coisa, antes de encerrarmos?

– Alguns sorvetes são muito bons, mas não o tempo todo. Se comprar o pote errado, vou ficar desapontado.

Esse comentário doeu, porque tocou direto na ferida.

– Obrigada – disse a coordenadora. – É exatamente esse o tipo de avaliação que estamos procurando. Agradecemos muito por terem vindo.

O JEITO DAIRY CREAM DE SER

Logo após o grupo de discussão, alguns de nós fomos para a sala de reunião ouvir a avaliação do pessoal de marketing.

– Nossa – disse Bob, nosso engenheiro de qualidade. – Foi difícil escutar isso.

– Foi mesmo – concordei. – Mas eles disseram alguma mentira? Afinal de contas, eles são os consumidores finais. Não têm razão para mentir.

– Foi por isso que doeu tanto.

Concordei mais uma vez.

– Bem, agora que sabemos a opinião dos clientes, o que vamos fazer?

– Precisamos melhorar o controle do teor de ar – observou um dos técnicos. – Se um lote ficou denso e o outro espumoso, é por causa das bolhas de ar que entram no processo de mistura.

– Está certo – opinei. – Vamos achar um jeito de definir as medidas certas, de controlar e ajustar, para que os parâmetros se mantenham constantes.

– E a questão da embalagem tem de ser resolvida – ressaltou um dos vendedores. – Sabíamos do problema, mas nunca tomamos medidas efetivas para saná-lo.

– Será que conseguiríamos montar uma equipe para consertar isso de uma vez por todas? Se o pote estiver sujo por fora, os clientes jamais vão apanhá-lo...

Um dos empregados da linha de produção disse algo a respeito da falta de uniformidade do produto que me assustou:

– Da forma como fazemos, os ingredientes da mistura simplesmente caem no tonel. Não temos como assegurar que os pedaços de biscoito, por exemplo, sejam misturados homogeneamente ao sorvete. É por isso que alguns potes têm muitos pedaços e outros, poucos.

Se sabíamos do problema, por que ninguém se preocupara em resolvê-lo antes?, pensei.

– Sempre que alguém detectar um problema, traga-o para mim ou para o supervisor imediato – recomendei. – Todos somos responsáveis pela qualidade do que fazemos. Olhe, Sam, vamos montar uma equipe agora para resolver isso. Os comentários que ouvimos e que ouviremos nas próximas semanas podem ser difíceis de engolir. E não vou enganar vocês: não será fácil mudar. Mas agora, pelo menos, estamos começando a descobrir o que temos de fazer para competir de igual para igual com nossos concorrentes. Se quisermos que os clientes comprem nosso produto, precisamos melhorar todas as etapas da fabricação.

Todos são responsáveis pela qualidade.

Todo mundo concordou com entusiasmo. Era evidente: estávamos todos no mesmo barco.

CAPÍTULO 6

a hora da verdade

Como sabíamos o que tínhamos de fazer – e estávamos numa situação desesperadora –, durante os três meses que se seguiram, atacamos muitos dos problemas que os grupos de discussão e os colaboradores haviam identificado.

Substituímos várias peças do maquinário, depois de enviarmos uma equipe de engenheiros para estudar as instalações e os métodos de fabricação de outras empresas. Pedimos aos funcionários da linha de produção que nos dessem mais retorno sobre o ajuste das máquinas e a melhoria da qualidade. Começamos a fazer medições e aprimoramentos em todas as etapas do processo de fabricação, sempre com o objetivo de apontar e eliminar defeitos ou "variáveis" – que era como o pessoal de qualidade se referia a esses problemas. Pedimos aos engenheiros que criassem embalagens mais resistentes, sem que tivéssemos de recorrer a gramaturas de papelão mais caras. Tomamos algumas medidas para garantir que nenhum sorvete tocasse as embalagens depois que elas fossem lacradas, evitando sujá-las por fora. Mudamos o procedimento de adição dos ingredientes comprando equipamentos mais sofisticados, capazes de misturá-los com toda a precisão. E começamos a monitorar *tudo*, desde a porcentagem de teor de ar no sorvete até à temperatura usada para armazenar as embalagens vazias.

Reduzimos a tolerância das variáveis nas misturas para 0,1 grama, e a da profundidade de cada tina para dois milímetros. Sempre que descobríamos um problema – uma embalagem quebrada ou a coloração que estivesse longe da verdadeira –, montávamos uma equipe para fazer o diagnóstico e providenciávamos imediatamente os acertos.

Para ser sincero, a maioria dos aperfeiçoamentos não implicou grandes gastos. Os que promoveram o maior impacto foram alcançados pelo nosso pessoal, que passou a observar como as coisas eram feitas e encontrou formas mais inteligentes de aprimorar os procedimentos. A parte da equação que se referia à influência e ao poder que as pessoas exercem foi importantíssima para melhorar os processos. Não tínhamos condições de simplesmente esbanjar dinheiro para resolver um problema. Usamos a cabeça, em vez de nossa conta bancária, para fazer as melhorias.

Ao fim desse período de intensa atividade, concluímos que o produto estava muito, muito melhor, e ficamos ansiosos para testá-lo com outro grupo de discussão. Antes disso, porém, queria conversar mais uma vez com Mike.

QUALIDADE É CONSTÂNCIA

Numa segunda-feira nos encontramos outra vez na Natural Foods. Enquanto nos cumprimentávamos, Mike perguntou:

– Como vai sua família?

Então, contei a ele que, apesar das longas horas que estava trabalhando para dar uma virada na Dairy Cream, tudo estava correndo muito bem em casa. Descobri que alguns dos princípios de qualidade faziam sentido tanto no ambiente doméstico quanto no profissional. Hoje, presto mais atenção ao que minha esposa e as crianças estão falando, esforço-me para aproveitar ao máximo o tempo que passamos juntos, fico ligado nos detalhes – a história de que eles mais gostam ou o nome do ursinho favorito deles – e percebo que essas pequenas coisas são tão importantes quanto saber se já fizeram o dever de casa ou se o jantar estava bom. Tudo isso demonstra que me importo com eles, de um jeito que vai além das palavras.

– Fico muito contente – disse Mike, sorrindo.

Depois, contei-lhe sobre os acontecimentos dramáticos ocorridos nos últimos três meses na Dairy Cream. Embora eu o tivesse mantido informado sobre o que estávamos fazendo, havia um tempão que não trocávamos idéias.

– Pete, conversei com várias pessoas sobre esses princípios ao longo dos últimos anos, mas tenho de reconhecer que ninguém ouviu com mais atenção, ou levou a missão a cabo com a mesma disposição e energia, que você e sua equipe. Estou sinceramente impressionado.

– Obrigado, é bom ouvir isso. Mas ainda temos muito trabalho pela frente. Nossos empregos ainda não estão a salvo. Teremos de passar agora no teste dos clientes: vamos ouvir a opinião do grupo de discussão sobre as melhorias feitas.

– Para quando o teste está marcado?

– Sábado que vem – respondi. – O pessoal de marketing achou que, realizando a pesquisa no fim de semana, poderíamos ter acesso a uma faixa mais representativa da nossa clientela: homens, mulheres e crianças.

– Ótimo. Vou lhe dar uma dica: não pegue os potes de sorvete para eles. Deixe que escolham ao acaso e dê-lhes muitas opções.

– Por que isso? – quis saber.

– Sempre me lembro do que um antigo treinador me dizia: "Não julgue um goleiro pelo seu melhor desempenho, pois quase todos nós temos dias de glória. Julgue-o pelo seu pior." Quando ele não estiver no melhor momento, o que fará? Afundará o time ou jogará bem o bastante para mantê-lo no campeonato? Avalio as empresas de acordo com o mesmo critério. O verdadeiro indicador de qualidade não é o que elas fazem quando estão no seu melhor, com base num único produto ou serviço excepcional, e sim como elas se saem no pior momento.

Depois de uma pausa, Mike disse que eu deveria perseguir as virtudes da excelência *continuada:*

– Vou dar outro exemplo: meu amigo Donnie, que é jogador de golfe profissional, dá aulas a pernas-de-pau como eu. Ele me contou sobre os alunos com quem se encontra todas as semanas, que chegam para ele e dizem: "Sou um bom jogador de golfe; o problema é que me falta regularidade." Donnie responde: "Então você não é bom." *Qualquer um* pode bater algumas boas bolas. O xis da questão é: você é capaz de manter o mesmo nível durante uma partida inteira? E amanhã também? Todo mundo tem seus altos e baixos, até mesmo Tiger Woods. Mas os piores dias dos bons são melhores que o melhor dia do jogador mediano. É isso que os faz bons jogadores. Esse é o tipo de raciocínio que quero ver diariamente na Natural Foods.

O verdadeiro indicador de qualidade não é como você se sai quando está no seu melhor dia, mas sim no pior.

– Sua equipe dedicou muitas horas e fez um investimento pessoal significativo para melhorar a fábrica. Você acha que eles trabalhariam tão arduamente para sustentar o nível de qualidade alcançado?

Parei para refletir, e minha resposta me pegou de surpresa.

– Acho que sim. Afinal de contas, foram eles que tomaram as decisões, que fizeram o trabalho. As melhorias são resultado do esforço deles. Acho que detestariam ver tudo indo por água abaixo depois de terem chegado aonde chegaram.

– É um grande passo – acrescentou Mike. – Quando as pessoas vestem a camisa dessa maneira, não estão pensando apenas no salário no final do mês. Sentem-se parte integrante de uma equipe e esforçam-se para alcançar a excelência. O próximo desafio é dar aos seus colaboradores as ferramentas e os sistemas necessários para dar continuidade ao que vocês já fizeram, visando crescer ainda mais. E para isso é preciso designar pessoas para diferentes tarefas, estabelecer e cumprir os prazos e trabalhar sem parar para elevar seus próprios padrões. Na Natural Foods, nosso pessoal se preocupa com a manutenção da qualidade. Afinal de contas, ela é a força motriz do nosso sucesso. Na realidade, falamos em "construir de novo" em vez de "manter", porque diariamente temos de lutar contra forças que poderiam destruir tudo o que já fizemos e nos levar de volta à mediocridade. Na verdade, se não combatermos a acomodação, a desordem se instala. Então, vamos à luta! A questão vital não é consertar, e sim projetar tudo direito em primeiro lugar, para que não haja problemas.

Mike retomou um tema importante: o custo da qualidade.

– Muitas empresas consideram que a qualidade requer altos investimentos, e usam esse argumento como desculpa para não buscar a excelência em tudo o que fazem. Mas, como nós dois já constatamos, o fato é que *a qualidade sai mais barato a longo prazo que o "bom o bastante"*. A lista de empresas que vão à falência todos os anos porque um concorrente resolveu fazer a mesma coisa que elas, só que melhor, é infinita. E o contrário é igualmente verdadeiro. Quando os coreanos lançaram seus carros nos Estados Unidos, no início dos anos 1980, eles viraram motivo de piada por causa do baixo padrão de qualidade, lembra? As pessoas ridicularizavam quem comprava esses carros. Foi assim durante uma década, até que os coreanos começaram a levar a qualidade a sério e viraram a mesa. Se você tiver sucesso na Dairy Cream, também dará a volta por cima. A verdade é que, quando você faz a coisa certa de primeira, nunca tem de fazer duas vezes. E o retorno do investimento vai lá para cima.

A qualidade sai mais barato a longo prazo que o "bom o bastante".

– Muitas empresas relutam em tornar a qualidade parte de sua missão, porque a excelência exige *trabalho duro* – continuou ele. – Não tem a agitação ou a emoção do lançamento de um produto ou serviço, e demanda esforço e vigilância constantes por parte de todos, o tempo todo.

Apaixonado por esportes, Mike resolveu me contar a história de Fielding H. Yost, técnico do time de futebol americano da Universidade de Michigan de 1901 até 1927.

– Em seu primeiro ano como técnico, ele declarou à imprensa que seu time não perderia um jogo sequer. E foi exatamente o que aconteceu. Eles venceram o primeiro campeonato Rose Bowl sem sofrer uma derrota. Michigan marcou 550 pontos naquela temporada, uma média de 50 por jogo. O mais impressionante, entretanto, foi que a defesa não permitiu que os adversários fizessem um único ponto! Se você comentar com qualquer treinador sobre o resultado final de 550 a 0, ele ficará mais impressionado com o zero do que com os 550. Você pode marcar 550 pontos alternando boas jogadas com outras medíocres. Agora, impedir o oponente de pontuar requer uma defesa poderosa por parte de todos os jogadores em campo, em todos os lances, em todas as partidas. Bastaria um erro de um jogador para acabar com o feito do time. Ou seja, o Michigan não conseguiu esse recorde assumindo uma postura descuidada – afirmou Mike. – Infelizmente, em nossa cultura, os zagueiros não são muito valorizados. Vibramos com os atacantes. Celebramos os pontos marcados e não damos tanta importância aos jogadores que interceptam a bola. Somos fãs dos atacantes, não dos zagueiros. Contudo, os melhores times são aqueles que têm grandes defesas. É a defesa que ganha campeonatos. E não há defesa mais forte no mundo dos negócios do que a qualidade.

PARA TODA A ETERNIDADE

O novo grupo de discussão reuniu-se às 13 horas do sábado seguinte. O pessoal de marketing trouxe 15 pessoas dessa vez: cinco homens, cinco mulheres e cinco crianças. Mas, antes de começarmos, um décimo sexto "participante" entrou discretamente: Mike McMaster. Com o maior sangue-frio, inseri-o no grupo. Sentia-me ao mesmo tempo empolgado e preocupado com a reação dele diante do que ia ver e experimentar.

Primeiro, levamos o grupo para visitar a fábrica e conhecer os novos equipamentos. Em seguida, fomos até o departamento de embalagens, último estágio da produção, para que cada um pudesse escolher os sabores de que mais gostava. Percebi que Mike demorou um pouco mais que a maioria para escolher os potes de sorvete, possivelmente à procura de embalagens em piores condições. Fiquei contente por ele ter levado tanto tempo para encontrar uma com um leve defeito: uma pequena mossa na lateral da tampa. Lembrei-me de nossas últimas conversas: "Você é tão bom quanto a pior amostra do seu trabalho." Com certeza, aquilo era um aviso de que ainda podíamos melhorar.

Acompanhamos o grupo até à sala de reunião, onde havia tigelas e colheres para que todos se servissem à vontade. Tanto eu quanto o pessoal do marketing estávamos tentando interpretar cada gesto dos participantes. O tom das conversas era encorajador: todos pareciam estar gostando do nosso sorvete.

– O sabor de macadâmia é fabuloso!

– Adorei o de pé-de-moleque.

Ouvi quando alguém disse com entusiasmo:

– Experimentem este aqui!

– Há quanto tempo a Dairy Cream está no mercado? – um senhor perguntou. – Ainda não tinha provado o sorvete deles. Gostei!

Embora estivesse satisfeito com o que estava ouvindo, cada elogio soava como uma crítica adiada. Será que eles estavam *realmente* gostando? Depois de uma dúzia de respostas positivas, percebi que teria de solicitar opiniões negativas.

– Há alguma coisa de que vocês não gostaram no sorvete, nas opções de sabores ou nas embalagens?

Houve uma pausa surpreendente. Por fim, Mike falou:

– O pote do sorvete de chocolate com calda de chocolate veio com um amassado na lateral da tampa.

– Sinto muito – respondi. – Vamos recolher essa amostra para examinar o problema e nos certificarmos de que isso não vai acontecer novamente.

Nosso engenheiro de qualidade entrou na sala e recolheu a embalagem vazia.

– Algum outro comentário? – perguntei.

Houve um longo silêncio. E mais silêncio. Então, um dos participantes, uma mulher de meia-idade, perguntou:

– Podemos comprar alguns potes para levar para casa?

– Eu também quero – disse outra mulher.

Finalmente, minha ansiedade começou a dar lugar a uma calma alegria.

– Obrigado – disse, tomado por uma enorme gratidão. – Obrigado por virem até aqui. Fiquem à vontade para pegar alguns potes de seus sabores prediletos.

Todos apanharam um ou dois potes para levar para casa. Mike foi o último a sair da sala de reuniões.

– E então? – perguntei, com o coração na mão.

– Quero três engradados.

– Três? – gaguejei. – Você não vai conseguir guardar tudo isso na sua geladeira!

– Não é para mim. É para a Natural Foods. Quero experimentar lá na loja.

Olhei para Mike e depois para meu pessoal, que estava entrando na sala de reunião.

– Essa é a melhor notícia que você poderia me dar – agradeci. – Enviaremos vários engradados. Com os nossos cumprimentos – disse, virando na direção dos membros da minha equipe. – Pessoal, quero lhes apresentar Mike McMaster, gerente da Natural Foods.

Naquele momento, todos perceberam a importância do

comentário de Mike. Era como se tivéssemos acabado de saber que passamos no vestibular.

Quando Mike foi embora, os funcionários da Dairy Cream se reuniram no refeitório batendo palmas, rindo e se abraçando. Ainda havia muito trabalho a fazer. Estávamos no início de uma longa jornada rumo à qualidade, mas era visível que tínhamos virado uma página importante na nossa história. Ao criarmos uma cultura de excelência, conseguimos salvar nossos empregos e nossa fábrica. E fizemos isso sem abrir mão de nada, sem demitir e sem recorrer a campanhas de marketing extravagantes. Simplesmente assumindo um compromisso com a qualidade.

Liguei para casa, para contar as boas-novas a Jean. Quando lhe falei sobre a reação de Mike e sua decisão de fazer um teste com o sorvete da Dairy Cream na Natural Foods, ela exclamou:

– Que maravilha! Parabéns, Pete. Você conseguiu! Trabalhou tão duro para isso... Acho que essa conquista merece uma comemoração! Vamos jantar fora hoje, a família inteira.

Os meses seguintes foram extremamente desafiadores. Malcolm reclamava sem parar do dinheiro extra que estava investindo, embora eu achasse que, no fundo, ele estava agradecido pela transformação da fábrica. No final, ele acabou admitindo que o sorvete estava muito mais gostoso. Mas o teste principal era mesmo a opinião dos clientes. Pouco a pouco, os negócios foram melhorando até alcançarem um ritmo alucinante. A Natural Foods não só vendeu todo o sorvete que nos encomendou naquele dia como foi aumentando gradualmente seus pedidos semanais, até quadruplicar a quantidade em seis meses.

As reclamações e ameaças de fechar a fábrica foram diminuindo à medida que as vendas subiam. Certa manhã, Malcolm entrou no meu escritório como um meteoro dizendo que tinha decidido me nomear presidente da empresa por causa da maneira como eu havia virado a mesa na Dairy Cream. Ele não queria mais ter um papel ativo na direção da companhia e estava apostando na minha experiência e capacidade de liderança. Uma reviravolta extraordinária. Como o próprio Malcolm admitiu, ele jamais teria conseguido transformar a empresa como eu fizera. Minha promoção era, basicamente, fruto desse reconhecimento.

Eu sabia, no entanto, que não era o único responsável pelo sucesso da Dairy Cream. Os colaboradores tinham feito o trabalho duro e tinham dado a maioria das idéias. E seus esforços também precisavam ser recompensados. Mesmo correndo o risco de deixar Malcolm furioso, não tive dúvida sobre qual seria minha primeira decisão como presidente: resolvi criar um sistema de gratificação com base no desempenho, para recompensar aqueles que tanto contribuíram para a retomada da empresa. Mike havia me dito, em algum ponto das nossas conversas, que ações recompensadas significam coisas realizadas. E nada motivaria mais a minha equipe que um dinheiro extra, ainda que pouco, em reconhecimento por um trabalho bem-feito.

Comecei a notar que as pessoas estavam não só comprando mais sorvete da Dairy Cream nas lojas de conveniência e redes de supermercado, como também indicando nossa marca a amigos e parentes como um dos tesouros pouco conhecidos da nossa região – que logo seria descoberto pelo grande público. Várias lanchonetes de escolas e de estádios nos procuraram interessadas em comercializar nossos sorvetes. E a grande tacada foi a inauguração da primeira franquia da Dairy Cream, que se tornou um sucesso da noite para o dia.

Ainda tínhamos um longo caminho a percorrer, mas, graças a Mike e ao esforço conjunto de todos da nossa fábrica, estávamos no caminho certo.

sobre o autor

SUBIR CHOWDHURY, respeitado estrategista de qualidade, é presidente e diretor-executivo do ASI Consulting Group, LLC – líder mundial em implantação, consultoria e treinamento em Seis Sigma e Liderança de Qualidade. Entre seus clientes estão empresas multinacionais listadas na *Fortune 100*, assim como pequenas organizações dos setores público e privado. Homenageado pelo *New York Times* como "perito em liderança de qualidade", Chowdhury já escreveu 12 livros, inclusive *Quem comeu o meu hambúrguer? – O poder do Seis Sigma*, que foi traduzido em mais de 20 idiomas e vendeu mais de um milhão de cópias. Seu livro *Design for Six Sigma* (O projeto para Seis Sigma) foi o primeiro a abordar esse tema e a ele se deve a divulgação dessa filosofia no mundo.

Chowdhury recebeu inúmeros prêmios internacionais por sua liderança em administração de qualidade e suas importantes contribuições para várias indústrias pelo mundo afora. Ele cursou engenharia aeroespacial no Indian Institute of Technology (IIT), em Kharagpur, na Índia, depois se graduou em administração industrial pela Central Michigan University

(CMU) e obteve um doutorado honorário pela Michigan Technological University (MTU). A maioria das faculdades de administração inclui seus livros de engenharia e administração nos programas de graduação e pós-graduação.

Chowdhury vive com a esposa, Malini, e a filha, Anandi, em Michigan, nos Estados Unidos.

conheça outros títulos da editora sextante

A BOA SORTE
Álex Rovira e Fernando Trías de Bes

Se você sempre acreditou que a sorte é uma questão de acaso, esse livro vai fazer você rever esse conceito e trará uma grande transformação em sua vida.

Nessa fábula de linguagem cativante e inspiradora há uma lição simples mas profundamente significativa: a sorte nada tem a ver com um acontecimento fortuito – cabe a nós criarmos as condições para que ela aconteça em nossa vida.

PRECISO SABER SE ESTOU INDO BEM!
Richard L. Williams

Imagine como seria se você passasse a ser totalmente ignorado em casa ou no trabalho – sem orientações, elogios ou críticas pelas coisas que faz. Esse livro ilustra a importância do feedback através de uma história simples, baseada em pessoas reais que o autor conheceu ao longo de sua carreira de professor e consultor.

Escrito de maneira dinâmica e repleto de estratégias, ele apresenta os quatro tipos de feedback – positivo, corretivo, ofensivo e insignificante –, ensinando quando usar os dois primeiros e como evitar os outros, para ajudar você a conquistar mais qualidade em suas relações, estimulando a iniciativa, a responsabilidade e a lealdade entre as pessoas à sua volta.

O MONGE E O EXECUTIVO
James C. Hunter

John Daily é um executivo bem-sucedido que, de repente, percebe que vem fracassando como chefe, marido e pai. Em busca de um novo caminho para sua vida, ele decide participar por uma semana de um retiro num mosteiro beneditino.

Lá encontra Leonard Hoffman, um dos mais influentes e bem-sucedidos empresários americanos, que resolveu largar tudo para ir em busca da verdadeira essência da vida. Nesse livro extremamente envolvente, você vai aprender, junto com John Daily, princípios de liderança fundamentais para construir uma carreira de sucesso e uma vida em plena harmonia com as pessoas à sua volta.

COMO SE TORNAR UM LÍDER SERVIDOR
James C. Hunter

Liderar não é ser "chefe". Liderar é servir. Embora "servir" possa ter uma conotação de fraqueza para alguns, a liderança de serviço é na verdade uma idéia vigorosa e revolucionária, que pode ter um impacto significativo no desempenho de uma organização.

James Hunter propõe esse método de liderança que transforma chefes e gerentes em treinadores e mentores. Os líderes servidores sabem que prover as pessoas e empenhar corações e mentes promove uma força de trabalho que compreende os benefícios de se esforçar pelo bem maior.

JESUS, O MAIOR LÍDER QUE JÁ EXISTIU

Laurie Beth Jones

Com as profundas mudanças no mercado de trabalho, as empresas precisam de líderes e gerentes inovadores e criativos. Ao constatar que muitas organizações estavam desperdiçando a energia e a inteligência de seus colaboradores por causa do autoritarismo, da negligência e da falta de visão dos superiores, a consultora Laurie Beth Jones foi buscar inspiração em Jesus Cristo para propor princípios de liderança voltados para o crescimento, a harmonia e a realização de todos.

VOCÊ É MAIS CAPAZ DO QUE PENSA

John G. Miller

Com quase 20 anos de experiência na área de treinamento, John G. Miller desenvolveu um método fantástico para virar pelo avesso essa maneira de pensar: devemos fazer perguntas melhores para fazer escolhas melhores.

Em vez de começar as perguntas com Por que, Quando e Quem, precisamos voltar a atenção para as nossas capacidades individuais e perguntar: "Em que eu posso contribuir?" e "Como eu consigo fazer alguma diferença?". Lançando mão de histórias leves e capítulos curtos, o autor mostra como nos tornar mais eficientes e bem-sucedidos ao aplicar a noção da responsabilidade pessoal no nosso dia-a-dia.

SEIS FUNDAMENTOS DO SUCESSO PROFISSIONAL

Stuart R. Levine

Agregar valor à empresa, agir com honestidade, investir nas relações, comunicar-se bem, saber apresentar resultados e ampliar a sua perspectiva de vida: esses são os seis mandamentos básicos para quem quer brilhar profissionalmente.

Com a experiência de quem trabalha há 30 anos com executivos de altíssimo nível, o consultor Stuart R. Levine faz o papel do supervisor ou gerente que todos gostariam de ter, apresentando as práticas, os princípios e as posturas que você deve adotar para fazer com que sua contribuição à empresa e o valor que as pessoas vêem em seu trabalho ganhem outra dimensão.

SEU BALDE ESTÁ CHEIO?

Tom Rath e Donald O. Clifton

Todos nós possuímos um balde invisível que se enche ou esvazia o tempo inteiro, dependendo do que os outros nos dizem ou fazem. Quando o nosso balde está cheio, nos sentimos ótimos. Quando está vazio, ficamos péssimos.

Com essa simples metáfora e o conhecimento adquirido em 50 anos de pesquisas sobre o poder transformador das atitudes positivas, esse livro mostra que a maneira como tratamos os outros tem influência direta em nossa felicidade, produtividade, saúde e longevidade.

A HORA DA VERDADE
Jan Carlzon

Lançado originalmente nos anos 1980, *A hora da verdade* é um clássico e um dos mais importantes livros de negócios de todos os tempos. Ele apresenta o relato da extraordinária experiência de Jan Carlzon, que criou um modelo inédito de administração, mudando os rumos da gestão empresarial e revolucionando o conceito de liderança.

Com seu estilo acessível, Carlzon apresenta em detalhes sua ousada abordagem para prosperar numa economia voltada para os clientes: como definir uma estratégia, como estruturar uma organização para priorizar as necessidades dos clientes, como motivar e se comunicar com a equipe da linha de frente.

FAÇA O QUE TEM DE SER FEITO
Bob Nelson

O ambiente competitivo e o mundo globalizado exigem, hoje em dia, que os empregados corram mais riscos e tenham mais iniciativa no trabalho.

Com conselhos breves, diretos e surpreendentes, Bob Nelson mostra o que cada um de nós precisa fazer para assumir as rédeas do seu emprego, da sua carreira e da sua vida. Esse livro é uma ferramenta inspiradora e motivadora tanto para diretores e gerentes quanto para empregados, um recurso útil para qualquer departamento de recursos humanos e um inestimável investimento para todos que desejam vencer na vida.

O HOMEM QUE CONFUNDIU SEU TRABALHO COM A VIDA

Jonathon Lazear

Se o trabalho assumiu um papel tão preponderante na sua vida que tudo o mais ficou em segundo plano e você anda se perguntando se isso realmente vale a pena, irá encontrar na experiência de Jonathon Lazear a indicação de novos caminhos rumo à felicidade e à realização.

O vício de trabalho é uma armadilha que vai minando suas forças e fazendo com que você se isole da família e dos amigos. Lazear só percebeu o que estava perdendo quando já era quase tarde demais. Mas ele conseguiu mudar e mostra como você pode fazer o mesmo.

O AMOR É A MELHOR ESTRATÉGIA

Tim Sanders

Ter um trabalho gratificante, ganhar o respeito e a amizade dos colegas, ser capaz de aprender sempre mais, fazer mais negócios, influenciar positivamente as pessoas – esses são os temas de *O amor é a melhor estratégia.*

Tim Sanders apresenta nesse livro os três pilares do sucesso e da realização profissional: conhecimento (que você acumula com sua experiência e, principalmente, através da leitura), rede de relacionamentos (os amigos e contatos que já possui, mas que tem de cultivar) e compaixão (o calor humano que é capaz de transmitir aos outros).

SHACKLETON – UMA LIÇÃO DE CORAGEM

Margot Morrell e Stephanie Capparell

Shackleton já foi chamado de "o maior líder que jamais surgiu nesta terra de Deus". Esse livro revela com riqueza de detalhes a grandeza do homem que conseguiu transformar sua malsucedida expedição à Antártida numa história de resistência heróica. *Shackleton – Uma lição de coragem* é um relato inspirador sobre como ajudar cada pessoa a alcançar o melhor de si mesma e a realizar o que alguns encaram como tarefa impossível.

AS 5 MELHORES MANEIRAS DE SE CONSEGUIR UM EMPREGO

Richard Bolles

Esse livro foi feito pensando em você que precisa arrumar um emprego para ontem. Considerado o maior especialista mundial no assunto, Richard Bolles passou os últimos 30 anos pesquisando as estratégias dos caçadores de emprego bem-sucedidos para ajudar você a encontrar o trabalho que deseja.

Considerado a bíblia sobre emprego e carreiras, essa edição ensina as verdades fundamentais que aumentarão expressivamente suas chances de sucesso na caça ao emprego.

APRENDENDO A LIDAR COM PESSOAS DIFÍCEIS

Dr. Rick Brinkman e Dr. Rick Kirschner

Pessoas difíceis são um desafio. Na melhor das hipóteses, elas tornam a nossa vida mais estressante e desagradável. Na pior, atrapalham a realização de projetos pessoais e a conquista de metas profissionais importantes.

Esse livro mostra como extrair o melhor de pessoas problemáticas, mesmo quando elas exibem o pior de si mesmas. Apresentando técnicas eficazes, os autores ensinam o caminho das pedras – o aprendizado que pode ser extraído da convivência em grupo, apesar das diferenças – e os atalhos para impedir que as pessoas enfraqueçam seu desempenho no trabalho e na vida pessoal.

COMO MOTIVAR SUA EQUIPE

Anne Bruce

Pense nos gerentes que mais influenciaram sua vida profissional. Eles investiram num ambiente de trabalho divertido e no talento de cada colaborador porque perceberam que o sucesso de sua carreira e da empresa dependia da eficiência da equipe. Esses líderes acreditaram no poder e na influência das pessoas – e foram recompensados.

Esse livro apresenta exemplos inspiradores de empresas como Disney e Levi's e suas estratégias orientadas para resultados. Ao colocar em prática seus ensinamentos, você vai ser capaz de extrair as melhores qualidades dos seus colaboradores. Isso agrega valor tanto para a empresa quanto para os executivos que adotam essas estratégias.

COMO SER UM VENDEDOR DE SUCESSO
Linda Richardson

Vender nunca foi tão difícil. Nestes tempos de internet, em que todas as informações estão disponíveis, o que os clientes mais querem saber é o que o produto pode fazer por eles. *Como ser um vendedor de sucesso* mostra que mais importante do que aquilo que você *diz* aos clientes é a maneira como você *escuta* o que eles têm a dizer.

A autora apresenta um programa de seis passos que ensina como escutar os clientes e descobrir suas necessidades. Você também vai aprender a agregar valor, apresentar novos enfoques e mostrar como o seu produto ou serviço atende, com rapidez e regularidade, à demanda do seu cliente.

O MANUAL DO NOVO GERENTE
Morey Stettner

Você foi promovido a gerente – e isso o coloca numa posição totalmente diferente. Com colaboradores difíceis de lidar e chefes exigentes, você nunca sabe de onde surgirá seu próximo problema. Mas sabe que todos esperam que você o resolva – e de maneira rápida e eficiente.

O manual do novo gerente fornece valiosas dicas para que você se integre à sua equipe enquanto a estimula a conquistar bons resultados. Você será avaliado pelo desempenho dos outros. Dê a si mesmo a oportunidade de ser bem-sucedido e saiba como conquistar o respeito tanto de seus colaboradores quanto de seus supervisores.

QUESTÕES FUNDAMENTAIS DA VIDA

Roger Merrill e Rebecca Merrill

O trabalho é fundamental. A família é fundamental. O tempo é fundamental. O dinheiro é fundamental. Mas o verdadeiro desafio para quem deseja ter qualidade de vida é alcançar um grau satisfatório de sucesso em cada uma dessas áreas.

Muitas pessoas acreditam que é impossível se dedicar à família e, ao mesmo tempo, ser um excelente profissional. Nesse livro inovador, você vai descobrir como isso é possível, além de aprender métodos práticos que lhe permitirão priorizar os laços familiares, solucionar o dilema entre a necessidade de concentrar-se em uma tarefa e a de reagir ao que está ao seu redor e muito mais.

PRINCÍPIOS ESSENCIAIS DAS PESSOAS ALTAMENTE EFICAZES

Stephen Covey

Com mais de 15 milhões de exemplares vendidos em todo o mundo, *Os 7 hábitos das pessoas altamente eficazes* se tornou um dos livros mais influentes dos últimos tempos.

Para iluminar os princípios apresentados em *Os 7 hábitos*, Stephen Covey reuniu nesse livro a sabedoria de grandes pensadores, idéias inspiradoras que podem nos ajudar a realizar nosso potencial influenciando positivamente o resultado de cada dia.

O ÓCIO CRIATIVO
Domenico De Masi

Nesse livro, De Masi analisa não só os temas da sociedade pós-industrial, do desenvolvimento sem emprego, da criatividade e do tempo livre, como também as questões da globalização, da feminilização, do declínio das ideologias tradicionais e do novo arranjo de classes.

O autor demonstra uma profunda insatisfação com o modelo social elaborado pelo Ocidente, sobretudo pelos Estados Unidos, centrado na idolatria do trabalho, do mercado e da competitividade. E propõe um novo modelo em que os indivíduos são educados a privilegiar a satisfação de necessidades radicais, como a introspecção, a amizade, o amor, as atividades lúdicas e o convívio.

QUE TIPO DE PESSOA VOCÊ QUER SER?
Harold Kushner

O que acontece quando a necessidade de nos considerarmos boas pessoas se choca com a de sermos reconhecidos como importantes? Nesse livro iluminado, Harold Kushner constrói a ponte entre essas duas necessidades aparentemente inconciliáveis com exemplos tocantes e significativos, extraídos de grandes obras da literatura, do cinema, de fatos do dia-a-dia e, sobretudo, da história bíblica de Jacó, o trapaceiro que evolui até se transformar em um homem de Deus.

Mostrando que mesmo as menores ações cotidianas podem tornar-se grandes passos em direção à integridade, ele nos ensina a ser fiéis aos nosso próprios valores, a buscar a justiça sem nos render à tentação da vingança e a transformar as relações no trabalho, com a família e os amigos em genuínas fontes de realização.

CONHEÇA OS 30 CLÁSSICOS DA EDITORA SEXTANTE

O Código Da Vinci, *Anjos e Demônios* e *Fortaleza Digital*, de Dan Brown

Pais brilhantes, professores fascinantes, *Nunca desista de seus sonhos* e *Você é insubstituível*, de Augusto Cury

O monge e o executivo, de James C. Hunter

Um dia "daqueles", *O sentido da vida* e *Querida mamãe, obrigado por tudo*, de Bradley Trevor Greive

Por que os homens fazem sexo e as mulheres fazem amor?, de Allan e Barbara Pease

Os 100 segredos das pessoas felizes e *Os 100 segredos das pessoas de sucesso*, de David Niven

Enquanto o amor não vem, de Iyanla Vanzant

A última grande lição e *As cinco pessoas que você encontra no céu*, de Mitch Albom

A Dieta de South Beach, de Arthur Agatston

O ócio criativo, de Domenico De Masi

Não leve a vida tão a sério, de Hugh Prather

O Poder do Agora, de Eckhart Tolle

A vida é bela, de Dominique Glocheux

Palavras de sabedoria e *O caminho da tranqüilidade*, de Sua Santidade, o Dalai-Lama

Muitas vidas, muitos mestres e *Só o amor é real*, de Brian Weiss

Histórias para aquecer o coração, de Jack Canfield e Mark V. Hansen

Conversando com os espíritos, de James Van Praagh

Aprendendo a gostar de si mesmo, de Louise Hay

Mantenha o seu cérebro vivo, de Lawrence Katz e Manning Rubin

Aprendendo a silenciar a mente, de Osho

INFORMAÇÕES SOBRE OS PRÓXIMOS LANÇAMENTOS

Para receber informações sobre os lançamentos da EDITORA SEXTANTE, basta enviar um e-mail para
atendimento@esextante.com.br
ou cadastrar-se diretamente no site
www.sextante.com.br

Para saber mais sobre nossos títulos e autores, e enviar seus comentários sobre este livro, visite o nosso site:
www.sextante.com.br

EDITORA SEXTANTE
Rua Voluntários da Pátria, 45 – Gr. 1.404 – Botafogo
22270-000 – Rio de Janeiro – RJ
Tel.: (21) 2286-9944 – Fax: (21) 2286-9244
E-mail: atendimento@esextante.com.br
www.sextante.com.br